KB266818

폰의 노예,
포노 칠드런

폰의 노예,
포노 칠드런

삶을 되찾는 디지털 인생 솔루션

초 판 1쇄   2026년 04월 24일

지은이 박영민, 지하나
펴낸이 류종렬

펴낸곳 미다스북스
본부장 임종익
홍보국 김가영
편집장 이예나, 안채원, 김은진
디자인 윤가희, 임인영, 윤영빈
책임진행 국소리, 송가희

등록 2001년 3월 21일 제2001-000040호
주소 서울시 마포구 양화로 133 서교타워 711호, 808호
전화 02) 322-7802~3
팩스 02) 6007-1845
블로그 http://blog.naver.com/midasbooks
전자주소 midasbooks@hanmail.net
페이스북 https://www.facebook.com/midasbooks425
인스타그램 https://www.instagram.com/midasbooks

ⓒ 박영민, 지하나, 미다스북스 2026, *Printed in Korea*.

ISBN 979-11-7355-880-1 03370

값 19,000원

삶을 되찾는
디지털 인생 솔루션

폰의 노예,
포노 칠드런

사교육 아빠 (박영민) ✕ 공교육 엄마 (지하나)

미다스북스

추천사

호모 파베르, 도구를 만드는 인간은 끊임없이 새로운 도구를 만들어 인간의 능력을 확장해 왔습니다. 도구는 인간의 경험을 외주화하는 역할을 수행합니다. 직접 걸으며 경험해 이동의 시간에 자동차를 만들어 이동을 외주화하고, 길을 찾아가는 것도 내비게이션이라는 도구에 외주를 주었습니다. 문제는 이러한 도구의 외주화가 편리하고, 유용하기도 하지만, 마치 스마트폰에 전화번호의 저장을 외주화하면서 우리 두뇌는 전화번호를 기억할 수 없게 되는 것처럼 잃어버리는 것도 많아졌습니다. 우리 옛말에 '남의 힘을 빌리면 내 힘이 약해진다'는 말이 있습니다. 심지어 인공지능을 만들어 우리의 생각까지도 외주화를 하고 있는 지금 우리의 두뇌에는 생각하는 힘이 자랄 기회조차 사라지고 있습니다.

이 책은 아이들의 진로 교육에 힘써 온 저자가 스마트폰을 기반으로 살아가는 삶을 시대를 거슬러 과감하게 거부하고, 심지어 미디어와의 전쟁까지 선포하며, 가정에서부터 부모와 자녀가 함께 직접적인 경험을 기반으로 살아내는 삶을 살아내 온 이야기를 담고 있습니다.

학습과 배움, 만남과 사귐, 놀이와 운동은 아이들의 전인격적 발달과 진로를 위해 가장 필요한 삶의 공간입니다. 이곳에서 인공지능이나 스마트폰에 의존하는 외주화와 결별하고, 경험 중심의 삶을 살아내고자 하는 부모와 교사들에게 지침과 지혜를 줄 것입니다.

권장희

『우리 아이 게임 절제력』 저자, 놀이미디어교육센터 소장,
〈세바시〉 특강, EBS 〈교육플러스〉 출연

스마트폰이 만든 신인류, 스마트폰을 신체의 일부처럼 사용하는 인간 즉 포노 사피엔스가 AI 시대를 이끌어 가는 지금, 박영민, 지하나 두 분의 이야기는 우리에게 시의적절한 주제를 다룬 내용으로 많은 공감을 하였습니다. 우리 아이들이 '폰의 노예로 살 것인가? 또는 스마트폰을 자신의 삶의 일부로 필요에 따라 도구로 활용할 것인가?'를 경험과 상담을 통해 스마트폰과 관련된 여러 문제를 시원하게 해결해 주는 지침서입니다.

2025년 초 UC버클리 방문 학자로 미국의 교육 시스템을 연구하면서 캘리포니아의 초중고를 방문했더니, 학교에서 학생들의 핸드폰 사용을 금지하고 있는 것을 보고 놀랐습니다. 미국 교사들의 필독서 조너선 하이트의 『The Anxious Generation』을 밤새워 읽으며 스마트폰에 관대한 한국의 학교와 가정이 걱정되었습니다. 3월에 잠시 귀국하여 함께 교육 활동하시

던 분들을 만나 스마트폰 문제를 얘기하니 모두 공감했고, 그 자리에서 스마트폰 프리운동 단체를 만들기로 하여 6월 경기도교육청에서 천여 명이 모여 '폰 Off, 북 Open'을 모토로 '청소년 스마트폰 프리운동본부' 출범식을 하였습니다.

이 책은 스마트폰의 편리성과 유해성으로 자녀에게 스마트폰을 사 줄지 말지, 구입 후에는 어떻게 통제해야 할지 등 가정의 갈등, 폰이 없는 경우에 아이들에게 어떤 활동이 필요한지, SNS의 문제가 무엇이고 아이들의 동심을 어떻게 찾아 주어야 할지를 알려주는 필독서입니다. 그 내용들이 '폰 프리운동'을 준비하고 운영하는 과정에서 나온 문제들이어서 흥미롭게 읽을 수 있었습니다.

저자는 AI 시대에 '스마트폰 보기'보다 '책 읽는 재미'를 느끼고, 자신의 삶을 자기 주도적으로 이끌어가려는 아이들, 함께하는 부모들을 위한 책을 만들고자 애쓴 흔적이 곳곳에 보입니다. 그렇기에 부모와 아이가 대화하며 재미있게 읽을 수 있도록 만든 책입니다. 저자(부모)의 선택에 의한 환경이 습관을 만들어 자녀를 스마트폰 없이 과학영재로 키운 육아 경험을 '에나지의 에피소드와 꿀팁'을 통해 진솔하고 재미있게 표현하였습니다.

아이들의 동심을 찾고자 '어린 왕자'를 불러들여 이야기를 나누며, "스크린에서 나오는 빛은 결코 햇살을 대신할 수 없고, 손끝으로 넘기는 영상은 결코 풀잎을 만지는 경험을 대신할 수 없습니다."라는 말에 공감합니다.

저자가 우리에게 질문하고 답한 "오늘 당신이 감내한 불편함이, 아이에게는 가장 안전하고 따뜻한 세상이 되어줄 것입니다. 보이지 않지만 가장 위대한 이야기는 바로 지금, 당신의 가정에서 시작되고 있습니다."에 깊은 동감을 합니다.

이 책으로 스마트폰으로 인해 어려움을 겪고 있는 가정에 대화가 회복되고, 서로의 시선을 맞추는 행복한 가정이 되기를 희망합니다.

안민석

경기도 교육감 예비후보, 미래교육자치위원회 위원장,
경기 미래교육 자치포럼 공동대표, 청소년 스마트폰 프리운동 공동대표

우리 사회의 극단적인 경쟁교육으로 인해 아이들이 좌절감, 무력감, 우울증, 불행감의 악순환에 빠져들고 있음은 주지의 사실이다.

아이들과 청소년들의 스마트폰 과잉 몰입 의존도 현상은 경쟁교육의 현실에서 도피하기 위한 수단이고 사회적 소외와 단절로부터 탈출하고자 함이다. 사회와의 유일한 소통 수단이 게임과 스마트폰이 되고 있음을 스마트폰 과잉 몰입 문제의 원인으로 진단하고, 여기서부터 해결책을 찾고자

하는 저자의 혜안이 돋보인다.

저자인 지하나쌤의 진로교육에 관한 열정과 현장 교실에서의 진로교육의 실천 활동에 감동하여 인연을 맺게 되었고 제가 추구하는 교육 혁신의 이상향은 지하나쌤의 진로교육이 출발점이 될 수 있음을 굳게 믿고 있다.

아이들에 대한 진로 교육을 통해서 진로에 대한 목표를 명확히 하고 준비를 시킴으로써 아이들 스스로가 미래에 대한 대비를 충분히 하고 있다는 안도감을 갖도록 할 때, 아이들은 불안감을 잊고 해소하기 위해 스마트폰과 게임에 과몰입하게 되는 성향을 스스로 조절하고 억제할 수 있게 될 것이다.

오늘날의 경쟁교육으로 인해 아이들의 문화 활동이 중단되고, 그 대신 스마트폰이 사라져 버린 문화 활동의 재미를 채워주고 있다. 이러한 문화적 현상을 타개하여, 스마트폰과 게임에 빠진 아이들을 구원하고 아이들을 스마트폰 대신 책벌레로 만들고, 아이들이 자신의 미래를 준비하는 데 설레고 밤잠을 설치게 하는 세상을 만드는 데 지하나 쌤의 이 책이 작은 밀알이 될 수 있기를 기원한다.

이용구
공교육이 꽃피는 세상 대표

이 책을 보고 스마트폰을 처음 접했을 때의 충격이 떠올랐다. 스마트폰이 아직 일반화되지 않았을 때였다. 대학원생과 이동하던 중에 급히 확인할 이메일이 생각나서 난감해하자 스마트폰을 꺼내서 확인해 줬는데 이런 놀랍고 '멋진 신세계'가 있구나 싶었다. 그러나 이제 우리는 스마트폰의 세계가 '멋진 신세계'만은 아니라는 사실을 점점 깨닫고 있다. 스마트폰 중독 문제와 뇌 발달에 미치는 악영향, 불안과 우울증세까지 많은 부작용이 속속 밝혀지고 있다.

이 책은 헉슬리의 소설 『멋진 신세계』 속의 사람들처럼 스크린의 세상 속의 삶에 빠져 사는 삶의 위험성과 그 위험에서 어떻게 벗어날 수 있는지를 깊은 애정을 가지고 말하고 있다. 스크린 속의 삶은 자신이 선택한 삶이 아니고 이윤 추구를 위해 '그들'이 치밀하게 짜놓은 '가짜 삶'이라는 것을 조곤조곤 설득력 있게 말하며 실증적인 예로 보여주고 있다. 그것이 이 책이 가진 놀라운 점이다. 왜라는 선언적인 메시지에 그치지 않고 구체적으로 부모들이 자녀를 어떻게 스크린 속의 세계가 아닌 현실에서 느끼고 공감하며 자기 삶을 주도하는 사람으로 기를 수 있는지 제시하고 있다.

저자들은 이 과정에서 전쟁을 치를 각오가 필요하다고 선언한다. 평화를 위해 전쟁이 필요하다는 매우 역설적인 이 말은, 현재 스크린 중독 문제가 그만큼 심각하고 위험하며 반드시 해결해야 한다는 점을 강조하는 것이다. 전쟁을 치르는 그 과정에서 부모들이 지치지 않고 견딜 수 있도록

이 책은 세심하고 구체적인 많은 팁을 제공하고 있다.

평소의 작은 대화(small talk)가 맥주 거품처럼 탄산을 보호해 준다는 점, 그리고 혼자 하기는 힘들고 어렵지만 따뜻한 공동체와 함께라면 가능하다며 용기를 주고 있다. 이 책이 특히 더 귀중한 이유는 이 책의 내용이 단지 관념적인 주장이 아니라 두 저자의 직접적인 경험을 담고 있다는 점이다.

아이들을 심각한 스마트폰 중독과 스크린의 세계 속으로 도망치는 사람이 아닌, 당당하게 자기 삶의 주인으로 살아가는 자녀로 기르고자 하는 모든 부모와 어른들에게 이 책을 권한다.

홍제남
서울시 교육감 예비후보,
청소년 스마트폰 프리본부 서울본부 상임대표,
다같이배움연구소장

* 추천사는 가나다 순으로 수록되어 있습니다.

책 중에서

스마트폰을 두고 벌어지는 부모와 자녀의 실랑이는 마치 전쟁터에서 전선을 두고 다투는 상황과도 같습니다. 전선이 뒤로 밀릴수록 전장은 넓어지고, 그만큼 collateral damage—전쟁 중에 군사 목표가 아닌 민간인이나 마을까지 함께 피해를 입는 것 같은 부수적 피해—가 커지게 됩니다. 그래서 전쟁에서 전선을 끌어 올리듯, 가정에서도 미디어 노출의 전선을 될 수 있는 한 높게 유지해야 합니다.

여기서 우리가 기억해야 할 라틴어 표현이 있습니다. "Si vis pacem, para bellum"—평화를 원한다면 전쟁을 준비하라. 평화가 좋다고 전쟁을 피하는 나라는 결국 평화를 얻지 못합니다. 옆 나라가 그 나라를 가만두지 않기 때문입니다. 심지어 전쟁조차 일어나지 않는다면, 이미 식민지가 된 상태일 수 있습니다. 이 경우는 더 비극적입니다. 싸우려는 의지도 없이 노예처럼 부당한 대우를 받아들이며 살아가야 하기 때문입니다. 진정한 평화를 원한다면, 반드시 전쟁을 준비하고 치러야 합니다.

(중략)

아이들이 잔머리를 굴려 한두 시간 몰래 게임을 했다 해도, 그것은 여전히 '전선이 앞에 있다는 증거'입니다. 만약 전선이 50까지 물러나 버렸다면, 그 뒤에 벌어질 피해는 훨씬 더 크고 깊을 테니까요. 지금 **이 자리에서 지키고 있는 작은 승리가 사실은 더 큰 패배를 막고 있는 셈**입니다.

그러니 부모님들께 권하고 싶습니다. **평화를 원한다면 전쟁을 준비하고, 당장 필요하다면 전쟁을 치르십시오.** 싸움이 힘겹더라도, 때로는 지치더라도, 이 전쟁의 가치는 분명합니다. 전선을 높게 유지하려는 부모의 인내와 결단이 가족 모두를 더 건강하고 자유롭게 키워낼 것입니다.

우리 집은 이미 늦었어, 라고 여겨지는 경우도 있을 것입니다. 스마트폰의 폐해는 어른에게도 거의 똑같이 적용됩니다. 따라서 어른도 조절이 필요하지요. 바꾸어 말하자면 이미 스마트폰이 일상화된 아이들 역시 지금부터 조절해야 하고, 조절할 수 있습니다. 디지털 식민지의 상태를 당연하게 여기지 말기를 바랍니다. **스마트폰 전쟁은 이기는 싸움이 아니라, 버티고 지키되 함께 성장하는 싸움입니다.**

서문

"인간은 깜짝 놀랄 정도로 인간을 모른다."

통찰 수업에서 자주 하는 말입니다. 어떤 제품을 30년, 50년 동안 사용했다면, 그 구조와 작동 원리, 장단점을 거의 완벽하게 이해하게 됩니다. 그러나 우리 자신—몸과 마음, 생각과 감정—을 수십 년간 '사용'해 왔음에도 불구하고, 여전히 무엇으로 움직이는지, 무엇 때문에 동기가 꺾이는지, 다른 사람은 어떤 원리로 변화하는지 잘 알지 못하는 경우가 많습니다.

이 책은 바로 그 무지에서 출발합니다. 그리고 역학적인 관점을 통해 인간의 움직임과 동기를 설명하고자 합니다. 물체가 멈춰 있거나 움직이는 이유, 속도가 느려지는 원인, 에너지가 전달되고 변환되는 과정—이 모든 것은 인간의 심리와 행동에도 그대로 적용됩니다.

특히 스마트폰과 AI라는 두 거대한 '외부 힘'이 우리의 삶 속으로 들어오면서, 개인과 사회는 이전과는 전혀 다른 방정식에 들어가게 되었습니다. 부모님과 자녀, 친구와 동료 모두가 이 흐름에 휩쓸리고 있습니다. 속도와 자극은 기하급수적으로 빨라지고, 우리는 그 속에서 왜 피로해지는지, 왜 집중이 깨지는지, 왜 만족이 오래가지 않는지조차 설명하지 못하는 상황입니다.

이미 한 차례의 변화는 스마트폰과 함께 시작되었습니다. 스마트폰은 인간의 주의력과 사고 과정을 끊임없이 잘게 쪼개며, 즉각적인 자극과 반응의 회로를 강화했고 그 결과 스마트폰 때문에 생각하는 힘이 약해진 세대가 되었습니다.

그런데 이제 또 다른 변화가 시작되고 있습니다. 인공지능입니다.

스마트폰이 인간의 시간을 빼앗았다면, AI는 인간의 생각을 대신하기 시작했습니다. 이것은 훨씬 더 근본적인 문제를 만들어낼 가능성이 있습니다. 만약 1차적으로 스마트폰 때문에 조금 '바보가 된' 세대가 있었다면, 앞으로는 2차적으로 AI 때문에 더 어리석어지는 세대가 등장할 것입니다. 특히 아이들에게서 이 위험은 더 크게 나타날 수 있습니다. 어른들은 어느 정도 회의와 의심의 습관을 가지고 있지만, 아이들은 권위 있는 정보에 대해 훨씬 쉽게 믿음을 부여합니다. 프랜시스 베이컨이 말했던 '극장의 우상'처럼, 권위 있는 무대에서 들려오는 말은 진리처럼 받아들이는 경향이 있습니다. 아이들에게 AI는 바로 그런 무대가 될 가능성이 큽니다. AI 할루시네이션은 종종 그럴듯하지만 사실이 아닌 답을 만들어내는 현상인데, 아이들은 그 오류를 걸러낼 경험과 기준이 아직 충분하지 않습니다. 그래서 AI의 말을 그대로 받아들이고, 생각하는 과정을 건너뛰게 됩니다. 역설적으로 말하면 가장 똑똑한 도구가 인간을 더 생각하지 않게 만들 수 있는 것입니다.

저희의 앞선 책『호시탐탐 내 아이 진로 찾기』에서는 진로와 대학의 우선순위가 중요하다고 말했습니다. 진로라는 왕은 뒷전으로 밀려나고, 대학이라는 신하가 주인 노릇을 하면서 우선순위가 거꾸로 뒤집히니 문제가 발생합니다. 하극상과 쿠데타가 일어난 상태, 그게 정상인 것처럼 흘러가는 상태가 행복할 리는 없겠지요.

이번 책에서 다루려는 미디어 환경도 마찬가지입니다. 본래 미디어(media)라는 말은 '중간 매체'라는 뜻을 지닙니다. 즉, 본질적으로는 도와주는 수단일 뿐입니다. 고전 속 춘향과 이몽룡 사이에서 편지를 전달하던 방자처럼, 미디어는 사람과 사람, 사람과 세상 사이를 연결해 주는 조력자에 불과합니다.

문제는 이 수단이 어느새 목표로 착각된다는 데 있습니다. 수단이 목표로 둔갑할 때, 반드시 하극상이 벌어집니다. 돈이 대표적입니다. 돈은 삶을 살아가는 데 매우 중요한 수단이지만, 그것이 인생의 궁극적 목표로 바뀌는 순간 인간이 수단으로 전락하고, 모든 가치가 거꾸로 뒤집히고 맙니다.

미디어 역시 그렇습니다. 미디어는 우리를 돕는 방자의 역할에 충실해야 합니다. 그러나 주인인 우리가 권위를 잃고 미디어를 다스리지 못한다면 방자가 주인 행세를 하게 되고, 삶의 질서 전체가 무너집니다. 스마트폰이든 AI든, 도구가 주인이 되는 순간 인간은 생각하는 존재에서 반응하는 존재로 전락하게 됩니다.

이 책은 단순히 미디어 사용법에 대한 팁을 모아놓은 지침서가 아닙니다. 실제적인 노하우를 제공하는 동시에, 우리가 왜 주인의 자리를 지켜야 하는지, 그리고 어떻게 해야 그 권위와 힘을 회복할 수 있는지를 역학적인 원리와 함께 나누고자 합니다.

아이들이, 그리고 우리가 다시 주인으로 서서 방자인 미디어를 다스릴 때, 비로소 삶의 본래 자리와 질서가 회복될 것입니다.

목차

스크린 세대의 약점과 해결책

4장

평화를 원한다면 전쟁을 준비하라

5장

마치며

가장 중요한 것은 폰에 나오지 않아

1

원숭이가 되는 아이들, 레밍이 된 부모들

'조삼모사(朝三暮四)'라는 이야기가 있습니다. 아침에 세 개, 저녁에 네 개의 도토리를 주겠다는 말에 화를 내던 원숭이들이, 아침에 네 개, 저녁에 세 개를 주겠다고 하자 금세 웃으며 만족했다는 이야기지요. 이 얘기를 해주면 처음에는 아이들도 원숭이들의 어리석음을 비웃습니다. 그러나 곧 깨닫게 됩니다. 눈앞의 작은 이익에 기뻐하고, 더 크고 깊은 만족을 잃어버리는 모습이 곧 우리 자신이라는 것을요.

만족에는 2가지가 있습니다. 하나는 긴 시간을 견뎌내야 얻을 수 있는 묵직한 기쁨, 곱씹을수록 맛이 깊어지는 '지연된 만족(통잼)'입니다. 또 하나는 눈앞에서 즉시 얻을 수 있는 가볍고도 짜릿한 쾌락, 켜는 순간 손에 잡히는 '즉각적인 만족(꿀잼)'이지요.

문제는 오늘날의 스마트폰 환경이 후자, 즉각 만족을 압도적으로 강화한다는 데 있습니다. 화면을 켜는 순간 아이들의 눈앞에는 게임과 영상, 화려한 이미지와 빠른 자극이 폭포처럼 쏟아집니다. 단 몇 초 만에 얻을 수 있는 꿀잼은 아이들의 뇌를 붙잡고, 통잼을 기다릴 수 있는 인내심을 갉아먹습니다. 결국 스마트폰은 '즉각적 만족의 공장'이자 '지연된 만족의 적'인 셈입니다.

만약 우리가 **어린 시절부터 아이들에게 무심코 스크린을 내어준다면, 그것은 곧 아이들을 조삼모사의 원숭이로 길러내겠다는 선언**과도 같습니다. 지금 당장의 즐거움은 손에 쥐게 해주지만, 나중의 더 큰 기쁨을 스스로 찾아갈 힘은 잃게 만들지요.

더욱 안타까운 것은, 많은 부모들이 이런 상황을 알면서도 "주변 모두가 다 그렇게 하니까 괜찮다"고 스스로를 위로한다는 점입니다. 하지만 그것은 집단의 안도감일 뿐, 진실한 안전은 아닙니다. 그렇게 무리 지어 함께 걸어가는 길은 결국 절벽 아래로 추락하는 레밍 무리의 행렬과 다르지 않습니다.

1

거대한 침묵의 격차

당신의 아이는 '읽고' 있습니까, '보고' 있습니까?

대한민국 부모만큼 교육에 진심인 집단은 전 세계 어디에도 없습니다. 노후 대책을 포기하고, 잠을 줄이며, 수억 원의 자본을 아이의 학원비로 쏟아붓습니다. 하지만 냉정하게 자문해 보십시오. 그 막대한 투입량에 비해, 우리 아이들의 지적 결과물은 왜 이토록 처참합니까?

이유는 단 하나입니다. 기반 지능이 무너졌기 때문입니다. 수학 공식을 외우고 영어 단어를 집어넣기 전에, 아이들의 뇌는 이미 스마트폰이라는 '디지털 마약'에 절여져 있습니다. 어릴 때부터 쏟아진 무분별한 미디어 노출은 아이들의 사고 회로를 단선화시켰습니다. 글의 맥락을 짚어내고 행간의 의미를 파악하는 '문해력'이라는 근육이 발달하기도 전에 퇴화해 버린 것입니다. 텍스트를 읽지 못하는 아이에게 고액 과외는 밑 빠진 독에 붓는 물과 같습니다.

지금 이 순간에도, 역사는 흐르고 있지요. 우리가 역사를 배우는 이유는 단순히 과거를 기억하기 위함이 아닙니다. 타인의 삶에서 나에게 적용할

'불변의 원리'를 찾기 위해서입니다. 지금의 10대와 20대를 보십시오. 짧은 숏폼 영상에 중독되어 1분 이상의 사고를 고통스러워하는 세대를 관찰해야 합니다. 타인의 화려한 필터 속 삶을 훔쳐보느라 정작 자신의 내면을 성찰할 시간은 잃어버린 풍요 속의 빈곤을 직시해야 합니다. 지금 흐르고 있는 이 역사는 준비된 자에게는 '기회'를, 방치된 자에게는 '도태'를 선사합니다.

2

정반합(正反合)의 지혜
조용한 초격차의 시작

이제 우리는 우리 가정에 철학적 결단인 헤겔의 정반합(正反合)을 적용해야 합니다.

정(正): 스마트폰이 지배하는 이 디지털 만능주의 세상을 있는 그대로 받아들이되,

반(反): 그로 인해 파괴된 인간의 본질, 즉 '깊이 읽고 생각하는 힘'에 대한 강력한 반작용을 일으켜야 합니다.

합(合): 기술을 도구로 활용하되, 의식의 주도권은 결코 뺏기지 않는 새로운 '스마트폰 의식 혁명'을 이루어내야 합니다.

지금 이 순간, 소란을 피우지 않고 조용히 이 원리를 실천하는 가정들이 있습니다. 그들은 아이의 손에서 스마트폰을 멀어지게 하고, 대신 텍스트와 깊은 대화를 가까이하게 합니다. 남들이 유행하는 앱과 교육 정보에 휘둘릴 때, 그들은 아이의 뇌 구조를 '수동적 소비자'에서 '능동적 사유자'로 재설계합니다. 이것이 바로 '조용한 초격차'입니다. 이 격차는 훗날 성적표

의 숫자뿐 아니라 삶을 주도하는 태도와 지혜의 크기로 증명될 것입니다. 당신의 아이는 흐르는 역사의 물결에 휩쓸려 가겠습니까, 아니면 그 물결 위를 항해하는 선장이 되겠습니까?

3

디지털 시대의
작은 혁명

우선순위가 뒤틀린 시대에는 혁명이 필요하지요. 인류의 역사는 그렇게 혁명으로 아프게 길을 찾아왔습니다. 예컨대 500여 년 전, 왜곡된 종교가 지배하던 중세의 암흑시대에 누군가 비텐베르크 교회 정문에 95개 조 반박문을 붙였습니다. 이렇게 종교개혁이 시작되었지요. 당시 교황의 권위는 왕을 갈아치울 수 있을 만큼 절대적이었으니, 이는 그야말로 '대세를 거스르는' 행위였습니다. 종교재판에 끌려가 화형을 당할 일이었지요.

사람들의 반응은 엇갈렸을 것입니다. 대부분은 무슨 일이 벌어진 건지 이해하지 못했겠지요. "먹고살기 바쁜데, 남들 하는 대로 따라가는 게 편하지.", "복잡하게 생각 말고 그냥 가만히 있자." 그 당시 사람들 대부분은 이렇게 생각했을 겁니다. 그리고 지금 우리의 모습도 크게 다르지 않습니다.

물론 그 시대에도 문제를 느끼고 있던 사람들은 분명히 있었습니다. "무언가 잘못됐다, 바뀌어야 한다"고 생각했지만, 대세의 압력에 눌려 목소리를 내지 못했거나, 내더라도 금세 묻혀버렸습니다. 혹은 그냥 그 흐름에 동화되어 살아간 사람들도 있었겠지요.

하지만 왜곡된 현실은 결국 폭발하게 되어 있습니다. 가스를 계속 넣으면 아무리 질긴 고무공도 터지듯이, 억눌린 저항은 결국 마르틴 루터라는 분출구를 만들어냈습니다. 그의 한마디가 수많은 이들의 잠자고 있던 저항 의식을 깨웠고, 결국 세상을 바꿔놓은 개혁의 불꽃이 된 것이지요. 사람들의 의식을 변화시킨 혁명은 항상 불가능해 보였고, 엄청난 저항에 부딪혔습니다. 지동설로 대표되는 중세의 과학 혁명도 마찬가지였지요.

500년 전 종교개혁이 부패한 교회의 권위에 대한 저항이었다면, **지금 우리가 직면한 미디어와 스마트폰의 문제는 아이들의 정신을 지배하는 또 다른 '권위'입니다.** 우리는 지금, 또 다른 개혁이 필요한 시대에 살고 있습니다. 눈앞의 편리함에 길들여진 스마트폰과 미디어의 '대세'는 아이들의 집중력, 감정, 태도, 삶의 방향까지 바꾸고 있습니다.

잘못된 현실을 바로잡기 위해서는 혁명이 필요합니다. 혁명은 거창한 것이 아닙니다. 한 사람의 '용기'가 불을 붙이면 많은 보통 사람들의 '작은 용기'가 그 불을 지켜냅니다. 대세란 많은 사람이 따르는 흐름일 뿐입니다. 하지만 그 흐름이 잘못되었다면, 편안한 만큼 불행해질 수 있습니다. 레밍처럼 같은 방향으로 흘러가다 보면 왜 불행한지도 모른 채 짜증과 무기력 속에 살아가게 되지요. 반면 **바른 방향을 택한 사람들은 불편함을 감수하면서도 행복합니다. 자신이 왜 불편해야 하는지 알고 그 길에 더 큰 의미와 가치를 느끼기 때문입니다. 그들은 생각 없이 불행한 삶 대신, 생각하며 불편을 택한 사람들입니다.** 이 책은 바로 그 '작은 용기'를 낼 수

있도록, 아이들과 부모가 함께 '디지털 시대의 공부 혁명'을 시작할 수 있
도록 돕기 위한 이야기입니다.

4

자유라는
이름의 중독

스마트 기기를 현대에 도입한 스티브 잡스의 영향력은 중세의 교황과 같았습니다. 그런 그가 "애플은 인문학과 기술의 교차점에 서 있다"고 말하자, 전 세계 출판과 강연계에는 '인문학 열풍'이 불었습니다. 또한 정작 스마트폰을 만든 그가 자녀에게는 스마트 기기를 철저히 제한했다는 사실은 유명합니다. 그의 전기를 쓴 월터 아이작슨에 따르면 잡스의 가족은 함께 모여 책을 읽고 역사 이야기를 나눴지만, 아이패드나 컴퓨터 이야기는 거의 언급되지 않았다고 합니다. 이런 모습은 잡스만의 이야기가 아닙니다. 구글, 애플, 마이크로소프트 같은 글로벌 IT 기업의 임직원 다수가 자녀에게 디지털 기기를 제한합니다. 예를 들어 실리콘밸리에 있는 발도로프 자유 학교는 세 회사 직원 자녀의 비율이 70%를 넘습니다. 이 학교는 등록금이 연간 2만 달러(약 2,200만 원)에 달하지만, 교내에 컴퓨터는 단 한 대도 없고, 학생의 90%는 구글 검색조차 해본 적이 없다고 합니다.

무인항공기 제조사 '3D Robotics'의 대표 크리스 앤더슨은 이렇게 말했습니다.

“나는 기술의 위험을 너무 잘 알기 때문에, 자녀들이 그런 위험에 노출되는 걸 원하지 않는다.”

이쯤 되면 우리는 되묻게 됩니다. **왜 그들은 자신이 만든 기술을 자녀에게는 쓰지 못하게 할까?** 식당 주인이 “자식에게 먹이는 마음으로 만들겠습니다!”라고 하면 신뢰가 가지요. 그런데 그 식당이 자기 자식한테는 먹이지 않는 음식을 판다면? 아무리 맛있어도 가고 싶은 마음이 싹 사라질 겁니다. 그들은 자신의 자녀들에게는 먹이고 싶지 않은 기술을 판매하고 있던 겁니다. 다만 우리가 몸에 들어가는 것에 대해서는 민감한데, 정신에 들어가는 것에는 너무 무감각하기 때문에 이런 아이러니를 깨닫지 못할 뿐입니다. 어떤 부모는 “아이도 하나의 인격체니까, 각자 알아서 조절하도록 해야 한다.”라고 합니다. 언뜻 보면 민주적이고 세련된 태도처럼 들리지만, **과연 스티브 잡스와 IT업계 선두 주자들은 촌스러워서 아이를 통제한 걸까요?** 아직 선택과 판단의 근육이 자라지 않은 상태에서 ‘자유’라는 이름으로 모든 걸 허용한다면, 그건 자유가 아니라 방임이고, 결국은 아이를 위험에 빠뜨리는 일입니다. 칼 자체는 좋고 나쁨이 없지만, 누가 그걸 들고 있느냐에 따라 상황은 달라지지요. 미디어를 어린 시절부터 자유롭게 허용한다는 건 마치 어린아이에게 날카로운 칼을 들게 한 것과 같습니다. 사실 이런 문제는 **아이들만의 문제가 아닙니다. 미디어에 둘러싸인**

『Awakened Heart』의 저자 제럴드 메이(Gerald G. May)는 이렇게 말합니다.

"자유가 없는 사람은 자유를 갈망하지만,

정작 자유를 얻게 되면 욕망이 생기고,

그 욕망은 결국 집착과 중독이 되어 다시 사람을 얽어맨다."

자유는 분명 중요하지만 **적절한 통제 없이 주어진 자유는 곧 중독으로 이어질 수 있습니다.** 비유하자면 중독성 가스가 방 안 가득 퍼져 있는데, 아무도 창문을 열지 않는 상황과 같습니다. 언제 터질지 모르는 이 가스에, 자본주의 사회는 끊임없이 불을 들이대고 있습니다. "성공하라!", "더 빨리!", "더 자극적으로!" 사람들은 경쟁에 내몰리며 초조함과 강박에 시달리고, 이 욕망은 결국 게임, SNS, 미디어, 음식 등 다양한 형태로 **중독**이 되어 버립니다. 그리고 그 중독의 가장 강력한 불씨가 바로 '스마트폰'입니다. 사람들은 그 불길에 매혹되었고, 기업들은 그 불에 더 많은 기름(자극, 알고리즘, 광고)을 붓고 있습니다.

오래전 철학자들은 이 위험을 간파했지요. 솔로몬은 탄식했습니다. "무엇이든지 내 눈이 원하는 것을 내가 금지하지 않고, 무엇이든지 내 마음이 즐거워하는 것을 내가 막지 않았는데…… 모든 수고가 다 헛되어 바람을 잡으려는 거나 마찬가지였다." 또 그리스 철학자 헤라클레이토스는 "얻고자 하는 것이 무엇이든, 영혼을 그 대가로 지불해야 한다."고 했습니다.

스마트폰은 중독과 자유, 욕망과 통제의 복잡한 경계에 서 있습니다. 이제는 **몸뿐 아니라 '정신이 먹는 것'에도 민감해져야 할 때**입니다. 선택과 통제를 제대로 이해하고, 자유를 지키는 법을 배워야 할 때입니다.

5

잊고 싶어서
중독되는 일상

중독은 한 사람의 현실 감각을 무디게 만듭니다. 그리고 중독자가 늘어나면 사회 전체의 현실 인식이 왜곡되기 시작합니다. 비정상이 다수가 되면 비정상적인 것이 오히려 '정상'처럼 받아들여지게 됩니다.

"어, 이거 은근히 중독되네." 이 말은 요즘 흔하게 들을 수 있습니다. 그런데 이건 칭찬인가요, 아니면 경고인가요? 게임, 드라마, 만화, 숏폼 영상, 유튜브 콘텐츠… 지금 우리는 **중독될수록 '잘 만든 것'으로 평가받는 시대**에 살고 있습니다. 중독을 경계하는 것이 아니라, **오히려 '재미있다' 는 말로 포장하여 권장하고 있는 사회**입니다. 그 결과 건강하고 유익한 매체는 갈수록 설 자리를 잃어가고, 사람들은 중독된 상태로 그저 살아가다, 그렇게 조용히 스러져 갑니다. 뉴스는 하루가 멀다 하고 충격적인 사건들을 쏟아냅니다. 학교폭력, 자해, 청소년 도박, 성범죄, 마약, 무차별 범죄… 그 배경에는 언제나 스마트폰, SNS, 게임이 빠지지 않습니다. 그런데 사람들은 잠깐 놀라고는, 금방 다음 뉴스로 무감각하게 클릭해 넘어갑니다. 분노조차 피로해진 사회, 슬픔을 나눌 여유조차 사라진 사람들이 되어가고 있습니다.

어린 왕자가 만난 술꾼은 이렇게 말했지요.

"부끄러운 걸 잊고 싶어서 술을 마셔."

"뭐가 부끄러운데?"

"술 마시는 내가 부끄러워…."

어이없는 대답에 어린 왕자는 우울한 기분으로 조용히 별을 떠났습니다. 이 장면은 지금 우리의 모습을 떠올리게 합니다. **스스로가 싫고, 그걸 잊고 싶은 사람들일수록 스마트폰을 더 많이 들여다보게 됩니다.** 어른들은 입으로는 자율과 자유를 말하지만, 사실 그 자유는 **자기를 망치는 방임**이 되고 있습니다. "마음껏 술을 마실 자유"가 술꾼을 파멸로 이끈 것처럼, "마음껏 스마트폰을 사용할 자유"는 우리 삶을 서서히 갉아먹고 있습니다.

별의 여행자와 방랑자의 문답

스마트폰은 달콤한 얼굴로 아이들을 붙잡고, 그 안에 숨은 독기는 천천히, 그러나 깊이 우리의 정신을 마비시켜 갑니다. 중독의 본질은 '포근하고 편안하게 파괴하는 것'입니다. 마치 나쁜 사람과 하는 사랑처럼, 헤어나오지 못하게 만들면서도 결국 우리를 무너뜨립니다.

이제는 깨달아야 합니다. 이 정도는 괜찮다고 말해왔던 우리의 무기력한 일상에 혁명의 불꽃이 필요합니다. 그건 거창한 정치도 제도 개혁도 아닙니다. **스스로의 정신을 지키기 위한 작은 각성, 작은 결단**입니다. 더 이상 중독이 일상이 되는 사회, 중독이 칭찬이 되는 시대를 그냥 두고 볼 수는 없습니다. **이건 '개인의 습관'이 아니라 '사회 전체의 생존'에 관한 이야기입니다.**

3S 정책의 그림자
- 지금, 우리

1980년대 군사 정권은 국민의 정치적 관심을 통제하기 위한 우민화 정책의 일환으로 3S 정책을 도입했습니다. 3S란 Screen(스크린), Sex(성), Sports(스포츠)의 약자로, 정치·사회적 민감한 이슈로부터 국민의 눈과 귀를 돌리기 위해 오락, 자극, 경기 열기에 집중하도록 유도한 정책이었습니다. '어리석을 우(愚)'에 '백성 민(民)', **국민을 어리석게 만드는 것,** 그게 바로 우민화입니다. 말 그대로 **'생각하지 않게 만드는 정책'**이었던 것입니다. **정치적 자각 대신 자극적인 볼거리, 비판적 사고 대신 단순한 감정 해소, 공동체적 연대 대신 개인적 쾌락**에 빠지도록 만드는 장치였습니다.

그런데 40여 년이 지난 지금, 우리 사회, 어른과 아이들은 정말 그 3S 정책으로부터 자유로운가요? 아이들은 태어날 때부터 손에 스크린을 쥐고 살아갑니다. 숏폼 영상, 유튜브, 자극적인 게임, 연예인 콘텐츠, 스포츠 승부… 모두 3S의 현대판입니다. 단 1가지 차이가 있다면 **과거에는 권력이 사람을 통제하기 위해 3S를 의도적으로 설계했지만,** 지금은 **자본과**

시장이 이윤을 위해 자발적으로 이 흐름을 강화하고 있다는 점입니다. 그리고 이 '시장형 우민화'의 가장 큰 희생자는 바로 우리 아이들입니다.

3S 정책의 핵심 목표는 생각을 빼앗는 것이었습니다. 마찬가지로 SNS와 자극적 영상에 자주 노출된 청소년일수록 추론력, 문제 해결력, 자기 인식 능력이 크게 저하되는 경향이 있습니다. 깊이 있게 질문하고, 연결하며, 성찰하는 힘이 약해지고 있다는 의미입니다. 그 결과, 교육은 지식만 전달되고, 사고는 자라지 않는 구조로 변질되고 있습니다. 닐 포스트먼이 말했듯, **"정보는 넘치지만 의미는 사라진 시대"**가 된 것입니다.

7

우민화는 '정치'보다 '교육'의 문제다

이 시대의 우민화는 정치보다 훨씬 더 깊이, 교육을 갉아먹고 있습니다. 우민화란 단순히 무지한 상태가 아니라, '생각할 수 있는데 생각하지 않도록 만드는 상태', 스스로 판단할 수 있는데, 판단하지 않도록 습관화되는 상태입니다. 그리고 우리 사회의 아이들은 그 상태에 점점 더 가까워지고 있습니다. 아이를 위해 '즐거운 중독'에서 벗어나는 결단이 필요할 때입니다.

과거의 3S 정책이 무서웠던 이유는, 그것이 사람들의 판단력과 인격 형성 전체를 장악했기 때문입니다. 그리고 지금, 그 3S는 아이들의 호기심, 감정, 관계, 사고 능력에까지 깊이 침투하고 있습니다. 정치적 통제를 위해 만들어졌던 3S는 이제 '일상'이 되었고, 그 일상이 아이들의 뇌와 마음을 조용히 지배하고 있습니다. 3S 중에서도 스크린이 다른 2가지에 대한 지배적인 위치에 올라섰으므로, 앞으로 이 책에서는 지금 시대의 아이들(또한 어른들)을 '스크린 세대'라고 부르려고 합니다. 정의하자면 적절한 수준 이상으로 스크린에 시선을 둔 사람들이라고 할 수 있겠습니다.

8

중독을 학습시키는
부모들

마트나 식당에서 아이들에게 스마트폰을 보여주는 건 너무나 자연스러운 광경이 되었습니다. 문제의식조차 생기지 않을 정도이지요. "어차피 다들 그렇게 하니까.", "울지 않게만 하면 되지." 그렇게 아이들은 어릴 때부터 화면으로 '달래지는 법'을 배우게 됩니다. 이제는 이 장면이 '육아의 편의'인지, 아니면 '정신 발달의 파괴'인지 진지하게 물어야 합니다.

길을 걷다 보면 부모 품에 안긴 아이와 눈이 마주칠 때가 있지요. 그런 아이들은 오랫동안 눈을 빤히 마주치곤 합니다. 그게 예뻐서 마주 웃어주면, 자꾸 뒤돌아보며 다시 시선을 보내오기도 하지요. 세상과 사람에 아이들이 얼마나 관심이 많은지를 알 수 있는 순간입니다.

그런데 이런 소중한 순간을 스크린이 박탈하고 있다면, 그건 단순한 문제가 아닙니다. 마트에서 아이가 주위를 두리번거린다는 건 엄청난 학습의 순간이기 때문입니다. 사람들의 다양한 얼굴, 물건마다 다른 색과 모양, 가격표의 숫자, 계산대에서 벌어지는 상호작용까지 무의식중에 익히고 있지요. 물론 지루할 때도 있습니다. 그때는 대화의 방법을 익히고, 또 손장난 등 창의적인 놀이의 기회가 되고 있는 겁니다. 음식이 나오는 것을 기다리는 시간은 엄마 아빠와 주변 사람의 표정을 읽고, 식탁 위에 놓인 음식의 냄새를 맡으며 눈과 코, 귀와 마음으로 세상을 익히는 시간입니다. 삶을 배우는 과정, 즉 학습이지요. 결국 학습의 본질은 책 속 지식이 아니라 세상을 이해하는 힘이기 때문입니다. 그 세상은 부모와의 애착 관계 속에서 가장 안정적으로 이해됩니다. 부모와 주고받는 말, 눈빛, 손동작 하나하나가 아이에겐 '사람이 사는 세상'의 첫 교과서입니다. 이 교과서를 건너뛴 채 자란 아이는, 아무리 좋은 학원이나 교재를 만나도 근본적인 정서 기반과 탐구 습관이 흔들릴 수밖에 없습니다. 이런 순간을 스마트폰이나 패드에 빼앗기고 있는데, 이 흐름에서 언젠가 학원 교재를 들이밀면서 엄청난 집중과 몰두를 요구한다는 게 얼마나 말이 안 되는지 인식해야 합니다. **부모가 아이에게 스크린을 보여주면서 얻는 여유는 아이의 뇌와 마음의 미래를 축소하는 선택입니다.** '잠깐'이 쌓이면 평생에 영향을 주는 습관이 됩니다. 아이는 절대 스스로 중독을 선택하지 않습니다. 중독은 어른의 선택과 무관심으로 주어지는 운명입니다.

이제 작게 결심할 수 있습니다. 식당에서 아이와 이야기 나누고, 마트에서는 물건을 함께 고르며, 울음 앞에서는 감정을 받아주는 따뜻한 시선을 선택하는 것. 그 작은 실천이 결국 우리 아이의 뇌를 지키고, 사회 전체의 건강한 미래를 만드는 혁명이 될 수 있습니다. 혁명의 불꽃은 일상의 사소한 습관부터 시작되어야 합니다. 잠시 울더라도, 잠시 보채더라도, 지루한 시간을 함께 상호작용하면서 보내는 시간이 필요합니다. 그 시간이 쌓이면, 아이는 세상을 향한 탄탄한 내면을 갖게 됩니다. 그 눈동자를, 그 손을, 그 마음을 꼭 붙잡아 주세요. 쓸데없는 이야기라도 계속 이어가세요. 자녀의 옹알거림, 투덜댐, 호기심 어린 말들에 부모가 평생 쌓아온 나름의 생각과 마음을 계속해서 교환해 주세요. 지금 그 시간이야말로, 어떤 사교육도, 어떤 콘텐츠도 대신할 수 없는 '인간적 학습'의 전부이자 시작입니다. 이제 편리함을 명분으로 삼아 아이를 중독시키는 시대를 멈춰야 할 때가 되었습니다.

비어 있는 시간 대비법

우리 가족은 아이가 어릴 때부터 외출할 때면 당연한 듯 책을 들고 나갔다. 스마트폰이 없으니, 우리는 '비어 있는 시간'에 대비해야 했다. 마치 다이어트를 하는 사람이 집을 나서기 전에 바나나나 단백질 바를 챙기듯, 책과 색연필을 항상 당연한 준비물로 챙겼다. 가령 해외여행을 갈 때에도 모두가 고개를 숙이고 스마트폰 액정만 바라보는 공항 대합실에서, 우리 가족은 가방 속에서 주섬주섬 각자의 책을 꺼냈다. 책을 읽다가 얘기하고, 다시 책을 읽곤 했다. 처음엔 주변과 다르다는 것만으로 어색했지만, 시간이 지나자 우리 가족은 이 부분에 대해 자부심을 갖게 되었고 자연스러운 문화가 되었다.

절제는 억압이 아니라, 준비다. '비어 있는 시간'을 견딜 수 있는 근육은 결국 지루함을 버티며 스스로 재미를 만들어내는 힘이 되었다.

Q

에나지의 꿀팁

스마트폰이 없는 가족은 '빈 시간'에 대한 대비력이 필요하다.

외출 전, 다이어트할 때 간식을 준비하듯 각자 읽을 책과 색연필을 챙긴다.

스마트폰 없는 가족의 비밀: '비어 있는 시간'을 채우는 법

비행기나 대기시간, 지하철 타는 시간을 가족 독서 타임으로 바꾸자.

부모가 반드시 함께 실천을 해야 하는 것이 매우 중요하다.

9

부모가 들려주는
이야기의 힘

스크린 속 짧고 자극적인 영상에 길들여진 아이들에게 가장 강력한 대안은 멀리 있지 않습니다. 바로 부모가 들려주는 이야기입니다. 사람은 추상적인 말보다 실제로 지혜롭게 대처한 경험담과 이야기를 통해 더 큰 감동을 받고 스스로 삶의 기준을 구성하게 됩니다. 또 이야기는 단순한 지식보다 오래 기억되고, 실제 선택과 행동에 직접적인 영향을 줍니다.[1] 그렇기에 부모의 목소리로 전해지는 짧은 일화나 이야기 하나가 아이의 마음속에 깊은 흔적으로 남습니다.

특히 부모의 목소리는 정보가 아니라 사랑과 신뢰의 울림입니다. 부모가 경험담이나 책 속 장면을 이야기할 때, 아이는 강한 내적 동기를 갖게 됩니다. 아이들에겐 부모가 엄청난 존재이기 때문입니다. 이솝 우화나 한국 전래 동화, 안데르센, 탈무드, 『어린 왕자』 등을 수시로 들고 다니면서 읽어주거나 읽게 하는 게 좋지요. **책이 곁에 없을 때는 부모가 엉뚱하게**

---

[1] Narrative Transportation Theory (Green & Brock 외), 즉 이야기에 몰입하면 기억력뿐만 아니라 신념이나 태도, 의도가 바뀔 수 있다는 모델 등이 있음.

지어내는 이야기조차 엄청난 효과가 있습니다. 아이는 그 이야기가 허구인지 진짜 경험인지 따지지 않거든요. 부모의 목소리와 감정, 이야기 속 가치에 집중하게 되지요. 즉석에서 만들어낸 이야기라도 그 안에는 부모가 평생 살아오며 형성한 가치관이 담기게 됩니다. 그래서 부모가 지어내는 이야기는 책의 줄거리 못지않게 강력합니다. 그것은 부모만이 전할 수 있는 메시지이며, 아이는 그 속에서 부모의 삶과 신념을 자연스럽게 물려받습니다. 책의 한 줄보다 부모의 한마디가, 영상의 수천 장면보다 부모의 짧은 이야기가 더 오래, 더 깊이 아이를 지탱할 수 있습니다. 또한 이런 가정은 자녀가 성장한 이후에도 엄청난 친밀감을 유지하게 되는데, **이 친밀감은 수많은 문제들의 충격을 줄여주는 윤활유 역할을 합니다. 거꾸로 말하자면 이런 이야기가 적은 가족일수록 친밀감이 적고 따라서 문제가 커지는 상태가 되는데,** 대부분의 가정이 이런 안 좋은 흐름으로 레밍처럼 달려가고 있습니다.

임꺽정 교육법
이야기로 문해력의 시동을 걸다

아이들의 문해력 저하는 이미 잘 알려진 문제입니다. **문해력이 부족하면 노력이 의미가 없는 상황이 반드시 오게 됩니다.** 교과서 한두 장을 읽는데 하루 종일이 걸리고, 문제 자체를 이해하지 못하게 되지요. 교육학에는 결정적 시기라는 용어가 있는데, 문해력에도 결정적 시기가 크게 작용합니다. 물론 결정적 시기를 넘겼더라도 미디어를 절제하고 책을 읽는 쪽으로 재미를 되돌린다면 문해력은 보완될 수 있습니다. **하지만 시기를 지나고 나서 문해력을 확충하는 건 그 시기 전에 비해 몇 배의 힘이 들게 됩니다. 재미라는 말이 문해력이라는 마차를 끌고 가는 방식이 되어야 하는데, 아이들이 이미 미디어의 꿀잼에 익숙한 상태라면 재미라는 말은 너무 앞서가 있고 문해력이라는 마차는 너무 뒤에 처져 있어서, 말이 마차를 끌고 갈 수 없는 상황이기 때문입니다.**

아이들이 책을 읽기 싫어하는 경우에는 임꺽정 교육법을 활용하면 좋습니다. 홍명희의 『임꺽정』을 보면 주팔이가 꺽정에게 글을 가르치는데, 누나의 고된 시집살이와 백정이라는 신분에 화난 꺽정이가 "선생님, 나 글 안 배울라오."라고 하니 주팔은 이렇게 말합니다.

"너의 누이 시집살이가 오래가지 아니할 게니 걱정마라." 하고 따로 짐작하는 일이 있는 것같이 말한 뒤에 "책 이야기나 더 듣지 아니하려느냐? 이 책을 다 들려준 뒤에는 이 책보다 더 좋은 육도삼략(六韜三略)을 차례로 이야기하며 들려주마." 하고 말하였다. 그 다정한 어조가 사람의 뼛속에 사무칠 것 같아서 꺽정이는 불쾌하던 생각이 없어지고 침착히 책 이야기를 들었다.　　　　　　-2권 피장편 중에서

주팔은 글부터 들이밀지 않습니다. 꺽정의 마음을 짐작하고 다독여서 심리적 안정을 되찾게 한 다음, 꺽정이 좋아할 만한 전쟁 이야기 육도삼략으로 꺽정에게 내적 동기가 일깨워지게 합니다. 그러니 워낙 거칠어서 '걱정'이 이름이 될 정도인 꺽정이마저도 주팔이 앞에서는 다소곳해지지요. 이런 방식으로 아이의 뇌는 친밀감뿐 아니라 이야기 구조를 통해 언어적 연결망을 확장하고, 문해력의 기초를 단단히 다지게 됩니다. **영재들의 특성 중 하나는 귀가 민감하다는 것입니다.** 딴짓을 하는 거 같다가도 옆에서 어른들이 하는 얘기를 다 담아듣고 불쑥 참견하기도 합니다. 이렇게 예민한 귀는 이후에 중요한 집중력으로 작용하게 되는데, 미디어가 적절히 절제되었을 때에만 장착할 수 있습니다.

책을 읽어주다가 결정적 장면에서 멈춰서 아이가 궁금하게 하는 방식도 효과적입니다. 이야기로 귀가 자극되었다면, 눈으로 훈련되는 부분도 필요하니까요. 임꺽정 교육법은 '문해력의 결정적 시기'를 놓친 아이들에게도 통하는 방법입니다. 이야기를 통해 '읽는 즐거움'을 다시 불러오고 좋아

할만한 읽을거리로 아이를 포위해 주면, 마음의 시동이 걸리고 스스로 책을 찾아 읽는 단계로 나아갈 수 있습니다.

대화가 많은 집은 생각이 자란다. 부모가 수다쟁이가 되면 아이의 어휘력이 늘어난다는 말이 있다. 우리 가족은 TV도, 스마트폰도 없었기 때문에 식당에서도 다른 가족과 달랐다. 식당에 가면 되도록 TV가 없는 곳을 골랐다. 왜냐면 아이가 평소 스크린에 노출되지 않은 만큼 TV 앞에서는 넋을 놓고 빠져들었기 때문이다. 아이가 일곱 살 때, 예술의전당에서 클래식 공연을 본 뒤 근처 식당에 들른 적이 있다. 아이와 내가 공연 이야기를 나누며 한참 수다를 떨자, 식당 아주머니가 빤히 보시더니 "이렇게 서로 대화를 많이 하는 엄마는 처음 봤어요."라고 말했다. "오늘 공연은 어땠니?", "어떤 악기가 마음에 들었어?", "지휘자님의 표정은 어땠을까?" 이런 대화로 이야기꽃을 피우다 보면 음식이 나왔다.

이야기가 많아지면 '지시적 대화'보다 '의미론적 대화'을 주로 하게 된다.―무엇이 중요하고, 무엇이 옳은지에 대한 가치의 교환. 그 대화의 축적이 곧 우리 가족의 언어 습관이자, 아이의 사고 근육을 단련시키는 일상의 리추얼이 되었다.

🔍
에나지의 꿀팁

10

무기력을 학습시키는 부모들

'학습된 무기력' 실험은 유명한 이야기지요. 방 안에 원숭이 다섯 마리를 넣고, 한쪽에 사다리를 세운 뒤 그 꼭대기에 바나나를 걸어둡니다. 원숭이 한 마리가 바나나를 따려고 사다리를 오르기 시작하면, 연구자는 갑자기 다른 원숭이들에게 차가운 물을 끼얹었습니다. 놀란 원숭이들은 그 뒤로 사다리를 오르려는 동료를 힘껏 막습니다.

이제 물세례를 멈추고, 원숭이 한 마리를 새로운 원숭이로 교체합니다. 새로 온 원숭이는 당연히 사다리에 관심을 보이지만, 이미 '훈련된' 다른 원숭이들이 달려들어 막아섭니다. 이유는 모릅니다. 그저 "이건 하면 안 돼"라는 규칙이 몸에 새겨졌기 때문입니다. 이렇게 원숭이를 하나씩 교체하다 보면, 결국 물세례를 경험한 원숭이는 단 한 마리도 남지 않게 됩니다. 그런데도 그들은 여전히 사다리에 오르지 않습니다. **경험이 아니라 학습된 무기력이 집단의 규칙이 되어버린 것이죠.**

누군가 사다리에 오르는 걸 다들 소리를 지르며 막습니다. 그 모습을 본 새 원숭이도 이유를 알지 못하면서 똑같이 따라 합니다. 결국 **왜인지도 모**

르고 행동만이 전통이 되고 규칙이 됩니다.

우리도 크게 다르지 않습니다. 남들이 다 학원 보내고 스마트폰으로 짤막하게 '쉬는 시간'을 채우는 것을 보고, 그대로 의문 없이 따라합니다. 마치 그래도 된다는 확증이라도 있는 것처럼 말이죠. 하지만 이는 근시안적인 집단행동입니다. 대세를 따라가면 안전할 것처럼 보이지만, 실은 레밍 무리들이 모두 물속으로 달려들어 함께 사라지는 위험을 무기력하게 선택하는 셈입니다.

학습된 무기력이 무서운 건, 무기력이 직접 경험되지 않아도 주위 사람의 태도를 보며 전염된다는 겁니다. 부모가 먼저 '시도하지 않는 법'을 가르치면, 아이는 도전하기 전에 이미 포기하는 습관을 물려받게 됩니다. 아이가 지루해하거나 어려워하는 순간 부모가 곧바로 화면을 쥐여주는 건 새로운 방식을 떠올릴 시간, 생각하는 시간, 그리고 어려움에 부딪히는 기회를 없애는 일입니다. 그 순간 아이는 기다리는 법, 탐구하는 법, 그리고 스스로 길을 찾아가는 법을 배우지 못합니다. 대신, 즉각적인 자극과 손쉬운 만족만을 학습하게 됩니다. 문제를 풀기 전에 이미 '넘어갈 이유'를 찾는 마음, 그것이 무기력의 씨앗입니다.

아이에게 필요한 건 즉각적인 편안함이 아니라 스스로 부딪히고 이겨내는 힘입니다. 화면이 빼앗아 가는 건 단순한 시간만이 아닙니다. 미래의 가능성, 도전의 근육, 그리고 자기 삶을 개척하는 의지까지 함께 빼앗고 있는 겁니다. 명심하세요. 아이가 스마트폰 속에서 시간을 '죽이는' 동안, 그 아이 안의 불꽃도 함께 '죽어가고' 있다는 것을.

이제 우리는 물을 끼얹는 실험자가 아니라, 사다리를 함께 붙잡아 주는 동료가 되어야 합니다. 지루함과 어려움 속에서 아이가 바나나를 향해 손을 뻗도록, 그 사다리를 오를 수 있도록 말입니다.

마트는 최고의 학습장

우리는 마트에 가는 것을 참 좋아했다. 마트는 단순한 소비 공간이 아니라, 우리 가족에게는 최고의 학습장이었다. 옛날에는 쌀을 사러 방앗간을 찾았지만, 이제는 마트에 가면 세상의 모든 것이 있다. 그래서 마트는 언제나 새로운 것을 만나는 공간, 호기심이 움트는 놀이터였다. 그런데 요즘 마트에서 가장 안타까운 장면은 카트에 앉은 아이에게 스마트폰을 쥐여주는 부모의 모습이다. 물론 아이가 조용히 하길 바라는 마음일 수 있지만, 그 순간은 아이의 호기심이 피어나는 시간을 빼앗는 것이기도 하다.

"엄마, 이건 뭐예요?"

"아빠, 이건 어디에 쓰는 거예요?"

"우와, 너무 신기하다!"

이렇게 눈을 반짝이며 묻는 것이 아이의 진짜 모습이다. 이는 몇 년 후 학습에서도 그대로 이어진다. 바꾸어 말하자면, 이때 호기심을 느끼지 않는 아이는 학습에서도 호기심이라는 에너지를 발휘하지 못하고 그저 숙제만 끄적이게 될 것이라는 말이다.

우리 가족이 포기하지 않았던 단 하나, 그것은 바로 호기심이다. 남편도, 나도 지금까지 끊임없이 배우려는 이유는 아마도 그 호기심을 잃지 않으려는 몸부림일 것이다.

Q
에나지의 꿀팁

"마트를 소비 공간이 아닌, 탐구 공간으로 바꿔라."

"이건 뭐예요?", "어디에 쓰는 거예요?" 같은 질문이 아이의 뇌를 깨운다. 마트는 살아있는 교과서다. 가격표는 수학, 원산지는 지리, 성분표는 과학 공부로 이어진다.

아이의 호기심을 기다려라.
조용히 하길 바라기보다, 아이가 흥미롭게 관찰하고 묻는 시간을 허락하라.

부모의 태도가 배움의 모델이다.
부모가 "이건 신기하네!" 하고 먼저 반응하면 아이는 세상을 '궁금한 공간'으로 인식하게 된다.

2

재미
도둑을
잡아라

마이클 엔데(Michael Ende)는 1974년 『모모(MOMO)』를 통해 시간이라는 주제로 충격적인 화두를 던졌습니다. 거기엔 '시간 도둑'이라는 심오한 캐릭터가 등장하지요. 그들은 사람들을 방문해서 '시대에 뒤처지지 않도록' 시간을 저축하라고 설득합니다. 계약을 맺은 사람들이 열심히 시간을 아끼면, 그 시간을 훔쳐 자신의 양분으로 삼습니다. 사람들은 시간을 아낄수록 바빠지고 여유가 없어집니다. 뭔가 이상하다고 생각하면서도, 정확한 이유를 모르고 그냥 삽니다.

마이클 엔데가 오늘날 다시 쓴다면 어떤 내용이 될까요? 아마 '재미 도둑'이 더 적절한 시대 반영이 될 겁니다. 그들은 스마트폰으로 양분을 짬짤하게 모으는 모습을 상상합니다. 그들은 '시대에 뒤처지지 않도록' 첨단 기기를 '대폭 할인해서, 대신 2-3년간 사용하는 조건으로' 안겨 주겠지요. "언제든지 찾을 수 있는 엄청난 정보, 재미, 그리고 갈수록 빨라지는 속도와 성능… SNS로 인간관계가 쉬워집니다! 당신은 더 행복해지고, 더 똑똑해집니다."라면서요. 사람들은 갈수록 뛰어난 성능, 날렵해지는 기기에 환호하고, 줄까지 서면서 최신형을 구입합니다.

그런데 몇 년이 지나자, 뭔가 이상한 걸 느끼게 됩니다. 분명히 편리해지긴 했는데, 짜증 날 때가 더 많아졌습니다. 똑똑해질 줄 알았는데, 학생들의 사고 능력이 갈수록 떨어집니다. 정보검색은 엄청 빠른데 창의적인 생각은 사라졌습니다. 볼 게 너무 많다 보니, 오히려 몰입과 집중이 어렵습니다. 관계가 좋아질 줄 알았는데 왕따가 더 많아졌습니다. 사람들이 모여도 대부분의 시선이 폰에 멈춰 있습니다. 뭔가 이상하다 싶으면서도, 아무도 왜 이렇게 되었는지를 모릅니다.

여기서 주인공 모모가 등장하는데, 스마트폰을 쓰지 않는 그는 도둑들의 정체를 알게 되는 거지요. 모모 덕분에 사람들은 사태를 깨닫고, 이제는 더 이상 빼앗기지 않겠다고 결심합니다. 그들의 테크닉을 알아야 막을 수 있겠지요. 일단 제일 많이 쓰는 수법은, 사람들의 시선을 훔쳐 가는 것입니다.

1

시선이 곧 돈이다

사람들의 시선을 끌면 곧 돈이 됩니다. 우리가 무심코 보내는 짧은 시선은 기업 입장에서 매우 값진 자산입니다. 그래서 광고비를 아끼지 않고 투자하는 것이지요. 미국의 슈퍼볼 경기에서는 30초짜리 광고 한 편의 방송비용이 100억 원 안팎인데, 기업들은 제작비와 스타 출연료, 음악 사용료까지 합쳐 130억 원 이상을 들여서라도 이 광고를 진행합니다. 수억 명의 시선을 단 한 번에 모을 수 있는 기회이기 때문입니다.

우리의 시선은 결코 하찮지 않습니다. 우리는 종종 '그냥 보는 것'이라고 생각하며 무심히 넘기곤 하는데 실제로는 매일같이 귀한 것을 내어주고 있는 셈입니다. 냉정하게 말하면, 이런 사람을 속된 말로 '호구'라고 부릅니다.

시선이 곧 돈이라면, 기업은 당연히 우리의 눈을 오래 붙잡아두려 합니다. 그 핵심 도구는 바로 **재미**입니다. 특히 스마트폰과 미디어가 제공하는 재미에는 다음과 같은 특징이 있습니다.

1. **자극성–** 평범함은 주목받지 못합니다. 엽기, 선정성, 잔혹함, 공포 등 강한 자극이 필요합니다. 여기에 감동이나 훈훈함을 슬쩍 끼얹으면 더 오래 기억됩니다.

2. **매력–** 잘생김, 아름다움, 귀여움, 섹시함과 같은 외모의 힘은 강력합니다.

3. **감각적·연속성–** 화면은 빠르게 전환되고, 자막과 알림은 생각할 틈을 주지 않습니다.

4. **무제한성–** 데이터나 와이파이가 무제한이면 '안 보면 손해'라는 심리가 작동합니다.

5. **궁금증 유발–** 적절한 순간에 끊어 다음 행동을 유도합니다.

6. **대세 몰이–** '남들이 다 보는 것'을 놓치고 싶지 않은 마음을 자극합니다.

이런 재미는 공부나 일을 잠시 멈추고 쉴 때 파고듭니다.

"항상 공부만 할 수는 없지 않나"라는 생각이 들 수 있습니다. 하지만 진정한 휴식은 에너지를 회복시켜야 합니다. 문제는 이러한 미디어의 재미가 오히려 집중력을 분산시키고, 정신적 피로를 쌓이게 한다는 점입니다. 이것이 바로 **저차원적 재미의 특성**입니다.

뇌가 진짜 쉬는 법

우리 집에서는 나도 아이도 외향적인 성격이라 포모도로 공부법을 활용했다. 25분 공부하고 5분 쉬고, 4세트 후 30분을 몰아서 쉬는 방식이다. 그런데 잠깐의 5분, 혹은 30분 쉬는 시간마다 스마트폰을 손에 쥐면 뇌는 '쉬는 중'이 아니다. 공부도, 스마트폰도 모두 뇌를 자극하기 때문이다. 그래서 다시 집중하려면 최소 15~20분의 회복 시간이 필요하다. 결국, 쉬는 동안 시선을 어디에 두느냐가 공부의 효율을 결정짓는 것이다.

우리는 쉬는 시간에 간단한 체조나 계단 오르기를 했다. 몸을 움직이면 뇌가 식고, 진짜 휴식이 찾아왔다. 집중은 시간으로 관리되는 게 아니라, 시선으로 관리된다. **시선이 곧 능력이다.** 스마트폰이 우리의 시선을 훔치는 순간, 우리의 생각력과 시간, 그리고 가능성도 함께 빠져나간다. 진짜 공부는 뇌의 에너지를 지키는 일이다.

Q

에너지의 꿀팁

"집중은 시간보다 시선의 싸움이다."

스마트폰 스톱워치보다 눈에 보이는 스톱워치를 사용하자. 포모도로 등 전용 시계를 쉽게 구매할 수 있다.

스마트폰을 멀리하고, 몸을 쓰는 짧은 휴식을 설계하라. 핵심은 '리듬 회복'이다.

25분의 몰입보다 5분의 회복이 더 중요하다. 5분 정도 잠깐 쉴만한 물건을 준비해 놓는 게 좋다.

2

저차원적 재미,
고차원적 재미

휴식을 뜻하는 레크리에이션(recreation)이라는 단어를 풀어보면, re(다시) + create(만들다), 즉 '다시 만들어낸다'는 뜻이지요. 진정한 휴식이란 새로운 기분과 에너지를 만들어내는 것이어야 합니다. 그러나 모든 재미가 recreate의 역할을 하지는 않지요. 재미에는 크게 2가지가 있습니다.

첫째는 **즉각적이고 감각적인 저차원적 재미**입니다. 스마트폰, 게임, 미디어에서 얻는 재미가 대표적입니다. 시작은 쉽고 곧장 몰입되지만 오래가지 못합니다. 끝나고 나면 활력은커녕 무기력해지고, 주변의 인정도 얻기 어렵습니다. '순간은 즐겁지만 남는 게 없는' 재미라고 할 수 있습니다.

둘째는 **지연적이고 생산적인 고차원적 재미**입니다. 피아노 연습, 독서, 운동, 여행, 혹은 직업 속에서 얻는 성취의 즐거움이 여기에 해당합니다. 처음엔 힘들고 시간이 오래 걸리지만, 꾸준히 쌓일수록 오히려 재미는 더 깊어집니다. 끝나면 몸은 지쳐도 마음은 활력이 돌고, 주변 사람들로부터 인정받으며 활동의 지평도 넓어집니다. 무엇보다 이런 재미는 평생의 자산이 됩니다.

이 2가지 재미의 차이는 선명합니다. 즉각적 재미는 곧바로 치솟지만 금세 떨어지고, 일단 시들해지면 다시는 깊은 만족을 주지 못합니다. 반면 지연적 재미는 처음에는 오히려 마이너스 같지만, 일정한 시기를 지나면 평생에 걸쳐 (+)의 즐거움과 만족을 가져다줍니다.

여기서 중요한 통찰이 있습니다. **초반 만족감에서는 즉각적 재미가 훨씬 강력하기 때문에, 이를 통제하지 않으면 지연적 재미가 자리를 잡을 수 없다는 것입니다.** 인간은 누구나 본능적으로 더 손쉬운 재미를 먼저 찾게 되어 있습니다. **재미는 아래로 흐르기 때문입니다.**

재미는
낮은 곳으로 흐른다

물이 가만 놔두면 높은 곳에서 낮은 곳으로 흐르듯, 재미의 제1 법칙도 마찬가지입니다. **재미는 고차원에 머물지 않고 끊임없이 저차원으로 흘러간다**는 것이지요.

제아무리 피아노를 좋아한다고 해도, 바로 옆에서 스마트폰이 요란한 소리와 현란한 움직임으로 눈길을 사로잡는다면 그걸 보게 될 겁니다. 책 옆에 만화책이 있으면, 자연스럽게 만화책을 집어 들게 됩니다. 만화책 옆에 번쩍거리는 장난감이 있으면, 당연히 장난감이 이깁니다. 물론 무엇을 더 좋아하는가에는 개인적 차이가 있을 수 있지만, 재미 사이에 위계가 있고 더 저차원적인 재미가 강력하다는 것만은 분명합니다. **저차원적인 재미가 바로 옆에 있는데 "너는 왜 책을 안 읽냐?"라고 하는 건, 마치 물에게 왜 거꾸로 오르지 못하냐고 하는 것과 같습니다.** 그리고 이 모든 대결을 단숨에 종결짓는 존재가 바로 게임과 미디어입니다.

우리는 '돈이 되는 시선'을 끌어가려는 저차원적 자극에 사방으로 둘러싸여 있습니다. 게다가 스마트폰을 늘 손에 쥐고 있으니, 아이든 어른이든 자극에 끌려가기 십상입니다. 이런 자극을 자꾸 섭취하다 보면 내면 자체가 점점 저차원적으로 굳어집니다. 실제로 인터넷 환경이 좋아질수록 엽기적이고 충동적인 사고가 늘어나는 것도 이와 무관하지 않습니다. 누군가는 "스마트 기기로 딴짓 안 하고 공부만 하면 되지 않나요?"라고 할지 모릅니다. 하지만 미디어는 결코 당신의 눈을 쉽게 놓아주지 않습니다. 이것저것 기웃거리며 한눈팔게 만들다 보면, 고차원적 재미에 집중하기란 거의 불가능합니다. 실력을 쌓으려면 반드시 힘든 기간을 거쳐야 하는데, 그 시간을 감각적 자극이 끊임없이 침범하면 결국 재미는 아래로 흐르게 되고 그렇게 게임 오버가 되는 것이지요.

아래로 흐르는 물(재미)을 혼내지 말고, 아래로 향하는 물길을 끊어야 합니다. 동시에 펌프를 설치해서 재미가 고차원적인 방향으로 거슬러 올라갈 수 있도록 힘을 주어야 합니다. 초반에는 자연스럽게 저차원으로 흐를 수밖에 없지만, 의도적인 장치, 즉 펌프를 통해서라면 위로 끌어올릴 수 있습니다.

심심한 집의 비밀

남편은 평소 부탁을 잘 하지 않는 사람이다. 그런데 결혼 전, 딱 1가지 부탁을 했다. "혼수로 TV는 들여오지 말자. 우리 집은 대화가 많은 집이었으면 좋겠어." 처음엔 거부감이 들었다. 하지만 남편의 단호한 요청으로 자연스럽게 우리 집에는 TV가 없었다. 처음엔 금단 현상도 있었다. 그러나 시간이 지나자 청소를 하고, 산책을 하고, 남는 시간엔 책을 읽게 되었다.

그렇게 TV 없는 집에 태어난 똘망이는 책과 함께 노는 아이로 자랐다. 그런데 어느 순간 깨달았다. 이제는 TV가 아니라 스마트 기기들이 관계의 방해 요소가 되었음을.

남편의 두 번째 제안은 "인터넷을 설치하지 말자."였다. 그렇게 시작된 인터넷 없는 삶에서 똘망이는 매일 "심심하다"고 하소연했지만, 뒹굴다 책을 집어 들고, 종이에 그림을 그리고, 피아노를 치기 시작했다. 국·영·수 학원을 다니지 않았던 그 시간에 한글책과 영어책, 피아노 연주, 과학 실험이 아이의 일상을 가득 채웠다. 우리 집은 심심한 재미들이 가득한 집이었다. 생각해 보면, 우리는 한 번도 진짜로 심심했던 적이 없었다.

Q

에나지의 꿀팁

> "심심함은 창의력의 씨앗이다."
>
> TV와 인터넷은 대화를 잠재운다. 가족의 연결을 회복하고 싶다면, 스크린을 끄는 것부터 시작하라. 심심한 시간은 뇌가 회복되는 시간이다. 자극이 줄어들 때, 상상력은 커진다. 아이에게 심심할 권리를 주어라. 스스로 놀고, 그리는 시간 속에서 아이는 자기 생각의 세계를 만든다. 부모의 선택이 환경을 만든다. 환경이 곧 습관이 되고, 습관이 곧 아이의 사고가 된다.

4
힘필이
근육을 탑재하라

몸에는 심장이라는 강력한 펌프가 있습니다. 평생 멈추지 않고 피를 온몸에 보낼 수 있는 건 심장이 대부분 근육으로 되어 있기 때문입니다. 재미가 자꾸 저차원으로 흘러가는 법칙을 뒤집으려면, 내면에도 펌핑 근육이 필요합니다. 낮은 자극에 저항하고, 더 높은 차원의 재미를 향해 끌어올릴 수 있는 내적 근육 말입니다.

애나 램키는 도파민네이션에서 이 원리를 양팔 저울로 설명했습니다. 인간의 뇌는 쾌감과 고통을 하나의 저울 위에 올려놓습니다. 순간적인 쾌감을 얻으면 저울이 기울어 고통 쪽이 더 무거워지고, 결국 불안·무기력이 따라옵니다. 반대로 처음에는 힘들고 고통스러운 일을 선택하면 저울이 반대편으로 기울며, 시간이 흐를수록 오히려 더 깊고 풍성한 쾌감을 얻게 됩니다.

흐름이 좋지 않은 사람은 즉각적 쾌감을 먼저 선택합니다. 스마트폰, 게임, 미디어가 대표적이지요. 순간은 즐겁지만, 끝나고 나면 무기력과 허무가 찾아옵니다. 쾌감을 먼저 취했기 때문에 저울은 반대편으로 기울며 고

통을 갚게 되는 것입니다. 이런 패턴은 반복되고, 내면은 점점 더 피폐해
집니다.

반대로 흐름이 좋은 사람은 다릅니다. 이들은 먼저 힘든 일을 선택합니
다. 피아노 연습, 운동, 독서, 꾸준한 학습 같은 일들입니다. 시작은 어렵
고 고통스럽지만, 바로 그 고통이 저울을 반대편으로 기울게 합니다. 시간
이 지날수록 더 큰 성취감과 더 깊은 쾌감이 돌아오는 것이지요.

저희 집에서는 이런 노력을 '힘필이'라고 부릅니다. **힘든데 필요한 일**의
준말입니다. 지연적이고 생산적인 재미의 다른 이름이라고 해도 좋습니
다. 사람마다 힘필이는 다릅니다. 대부분에게는 숙제가 되겠고 누군가에
겐 피아노, 또 누군가에겐 운동이 될 수 있지요. 중요한 건, 힘필이를 우선
적으로 처리할 수 있는 **근육**을 기르는 것입니다.

처음에는 힘필이가 괴롭기만 합니다. 그러나 내적 근육이 자라면 어느
순간, 그 일이 오히려 즐겁게 느껴집니다. 예전에는 억지로 하던 피아노가

나중엔 몰입의 즐거움으로 바뀌는 것처럼요. 이것이 바로 힘필이 근육이 자라난 증거입니다.

힘필이를 외면하면 저차원적 재미로 흘러가고, 그 결과 저울은 계속 불리하게 기울어집니다. 쾌감을 먼저 취할수록 고통은 더 크게 찾아오기 때문입니다. 반대로 힘필이를 선택하면 처음엔 힘들어도 시간이 지날수록 저울은 풍성한 쾌감 쪽으로 기울어집니다. 이것이 흐름이 좋은 사람과 나쁜 사람의 갈림길입니다.

어릴 때는 겉으로 보이는 근육이 멋져 보입니다. 하지만 인생을 오래 살아본 사람은 압니다. 진짜 멋은 눈에 보이지 않는 곳에 있다는 것을요. 힘든 상황에서도 힘필이를 우선할 수 있는 사람, 내적 근육을 단단히 갖춘 사람이야말로 진짜 멋진 사람입니다. 어린 왕자 속 여우의 말처럼, "보이지 않는 것이 훨씬 중요한 법"이니까요. 아이러니하게도 내적 근육이 강한 사람은 몸도 점점 강해집니다. 지연적이고 생산적인 재미 속에는 결국 운동도 포함되어 있기 때문입니다. 결국 **힘필이 근육을 탑재한 사람은 마음과 몸이 함께 강해지고, 더 깊고 풍성한 즐거움 속에서 살아가게 됩니다.**

힘필이의 법칙

똘망이는 규범이 거의 없는 아이였다. MBTI로 보면 극P형. 대부분의 친구들이 숙제를 하고 놀았다면, 똘망이는 놀고 나서야 숙제를 하는 아이였다. 나 역시 직장맘으로서, "적어도 내가 오기 전엔 숙제 정도는 하고 있겠지"라고 기대했다. 그러나 그런 일은 거의 없었다. 그 후 우리 집에는 새로운 단어가 생겼다. '힘필이'—Have to를 해야 Want to를 할 수 있다는 뜻이다. 해야 할 일을 먼저 하고, 하고 싶은 일을 나중에 하는 습관을 뜻했다. 공부는 습관의 일부다. 부모의 말이 통하는 시기는 초등 6학년까지라고 생각한다. 사춘기가 오면 자아가 생기고, 그 이후엔 새로운 습관을 만들기가 쉽지 않다. 똘망이는 어릴 때부터 엄마표 공부를 통해 자연스럽게 자기주도학습의 리듬을 익혔다. 초저학년엔 1~2시간, 초중학년엔 2~3시간, 고학년엔 하루 3~4시간의 독서와 자기 공부를 습관화했다. 그렇게 쌓인 힘필이의 습관은 중학교와 고등학교에 가서도 성적뿐 아니라 자기조절력의 근육이 되었다.

Q

에나지의 꿀팁

"습관은 기질을 이긴다."

P형 아이일수록 루틴이 필요하다. 자유를 주되, 순서와 시간의 틀은 잡아줘야 한다. '힘필이의 법칙'을 가정 문화로 만들어라. 해야 할 일을 먼저 하는 습관은 인생 전반의 근육이 된다. 습관 형성의 황금기는 초등 6학년 이전이다. 그 시기의 루틴은 평생의 자기조절력으로 남는다. 학습의 핵심은 양보다 리듬이다. 매일의 일정한 패턴이 불규칙한 몰입보다 오래간다.

3

재미의 역학

　행복한 가정의 이미지라고 하면 자칫 '재미있는 게 가득한 집'을 떠올릴지도 모릅니다. 게임기, TV, 각종 간식, 놀잇감이 가득한 공간 말이지요. 그러나 역학적으로 보면 **집은 오히려 '심심한 공간'이어야 아이들이 바깥 세상으로 나아갈 힘을 얻게 됩니다.**

1

단당류 재미,
복합당 재미

탄수화물에서 단당류는 빠르게 흡수되고 금세 허기집니다. 꿀이나 백설탕이 그렇죠. 반면 복합당은 현미나 통밀처럼 구조가 복잡해서 천천히 소화되고, 오래 에너지를 공급합니다. 재미도 마찬가지입니다.

- **꿀잼(단당류 형 재미):** 유튜브 쇼츠, 게임, 액션 장면만 보기처럼 즉각적이고 반복적인 자극. 빠른 만족, 그러나 금방 질림.
- **통잼(복합당 형 재미):** 책 한 권 읽기, 영화 처음부터 끝까지 보기, 스포츠 전체 경기를 관람하기처럼 지루한 순간이 포함된 깊이 있는 재미. 오래 남고 사고력을 키움.

집마다 어떤 걸 먹을지에 대한 선택의 문화가 다르지만, 더 지혜로운 부모일수록 **심심하면서도 건강한 복합당의 맛**을 훈련시킨다는 데는 누구나 동의할 겁니다. 지혜롭지 못한 부모일수록 단순당으로 범벅된 걸 자주 먹이지요. 어릴 때의 식습관이 평생의 건강을 좌우할 텐데, 정신에 있어서의 식습관 역시 마찬가지입니다. 꿀잼보다 통잼을 훈련시키는 가정이 훨씬 건강하다고 할 수 있습니다. **틈만 나면 언제든 꺼내 볼 수 있는 스마트폰이 있다는 건, 설탕 주머니를 항상 갖고 다니면서 수시로 퍼먹는 아이의 상황과 같습니다.**

되도록 심심한 재미인 책을 훈련시키되 가끔 영상을 보더라도 짧게 토막친 쇼츠, 요약 영상이 아니라 통으로 영화 하나 정도의 길이를 길게 보게 하는 게 좋습니다. 미디어를 조절하는 가정이라면 아이들은 미디어의 재미에 목말라 있을 거고, 따라서 가끔 허용되는 미디어 시간에 조급해질 겁니다. 예를 들어 영화 초반에는 지루한 전개 과정이 있으니, 아이들은 화끈한 하이라이트 부분만 보고 싶어 할 겁니다. 하지만 통으로 보지 않을 거면 보지 말라고 딱 끊어 제시하는 게 좋습니다.

또한 여러 가지의 쾌감과 재미를 혼합하지 않는 것이 좋습니다. 다이어트에서 위장의 크기를 줄이는 게 중요한 이치와 같습니다. 많이 먹어서 위장이 커진 사람은 똑같은 양을 먹어도 만족감이 적을 수밖에 없지요. 먹은 음식물에 비해 위장의 크기가 크기 때문입니다. 바꾸어 말하면, 위장이 줄어들면 조금만 먹고도 만족감이 커지는 유리함이 있습니다. 뇌도 위와 비슷하게 신축성이 좋습니다. 이를 신경 가소성(Neuroplasticity)이라고 하지요. 어려서부터 자극적 재미를 마구 섭취한 아이들은 도파민 수용체의 크기가 커져서 어지간해서는 만족을 얻기가 어렵습니다. 게임을 하더라도 TV, 스마트폰 등의 멀티태스킹을 하지 않게 하고, 게임이나 영상 시청할 때는 먹을 걸 주지 않는 게 좋은 방법입니다. 맛있는 걸 먹을 때는 그걸 먹고 맛을 음미하는 데 집중하는 게 좋지요. "무슨 도 닦는 것도 아니고 그렇게까지 해야 되냐?"라고 할 수 있습니다. 하지만 **절제는 어디까지나 더 많은 행복과 쾌감을 느끼기 위해 필요한 일**이라는 게 중요합니다. 전두엽, 특히 전전두피질(Prefrontal Cortex)은 여러 정보를 동시에 처리하는 '작업 공간'인데 생각보다 넓지 않아서 한 번에 처리할 수 있는 정보의 양에 한계가 있지요. 여러 쾌감을 중첩시킨다는 것은 이 좁은 작업 공간에 너무 많은 짐을 올려놓는 것과 같습니다. 뇌는 어느 한쪽에도 완전히 집중하지 못하고 주의력이 분산되어 인지적 과부하(Cognitive Overload) 상태에 빠집니다. 결국 게임의 재미도, 영상의 내용도 제대로 즐기거나 기억하기 어려워집니다. 하나에 집중할 때 뇌는 그 활동에 온전히 몰입하여 더 깊은 즐거움과 만족감을 느낄 수 있습니다.

게임, 영상 시청, 맛있는 음식 섭취를 한꺼번에 한다면 '도파민 폭탄'을 맞는 것과 같습니다. 뇌는 비정상적으로 높은 수준의 도파민에 반복적으로 노출되고, 이를 감당하기 위해 스스로를 보호하려고 **도파민 수용체의 민감도를 낮추거나 숫자를 줄여버리게 됩니다.** 이것이 바로 **보상 회로의 둔감화**입니다. 이런 상태가 되면 나중에는 웬만한 자극으로는 만족감을 느끼지 못하게 됩니다. 게임만 하거나, 영상만 보는 것은 시시하게 느껴지고, 항상 여러 자극을 동시에 해야만 겨우 만족하는 '자극 중독' 상태에 빠지기 쉽습니다. 또한 "영상을 볼 때는 꼭 과자를 먹어야 해"와 같이 특정

행동을 함께하는 것이 반복되면, 우리 뇌는 두 행동을 하나의 세트로 묶어
버립니다. 이를 보상 연합(Reward Association) 또는 조건화라고 합니
다. 나중에는 영상을 보지 않으면 과자를 먹어도 만족감이 덜하고, 과자
없이는 영상이 재미없게 느껴지는 지경에 이릅니다. 각각의 활동이 가진
고유한 즐거움을 잃어버리는 것이죠. 의식적으로 이 연결고리를 끊고 각
각의 활동에 집중하는 연습을 통해, 우리는 일상의 소소한 즐거움을 온전
히 누리는 능력을 되찾을 수 있습니다.

재미에도
체력이 필요하다

아이들이 어릴 때부터 반복적·단순한 자극에만 노출되면 전두엽의 발달이 저해됩니다. 전두엽은 억제의 근육 역학을 하니, 이 말은 전두엽 발달이 부족한 아이들은 지루함을 견디지 못한다는 의미가 됩니다. 공부는 지루한 시간이 더 많지요. 그 말은 스마트폰을 자주 볼수록 공부에 적합하지 않은 두뇌가 된다는 뜻입니다. 어떤 부모든 자녀가 공부 잘하기를 바랄 텐데 어릴 때부터 스크린을 자주 보게 한다? 역시 인간은 깜짝 놀랄 정도로 인간을 모릅니다. 거꾸로 말하면, 지루한 순간을 넘겨낼 줄 안다면 심지어 공부에서마저도 재미를 느낄 수 있게 된다는 말이지요. 심심하지만 건강한 맛이지요. 공부뿐만이 아니라 재미 중에서도 더 오래 가고 더 깊은 재미(통잼)는 기술을 습득해야 하고, 그 기간은 지루한 반복이 있게 마련입니다. 스크린을 자주 본 아이는 지루한 구간을 견디는 '재미 체력'이 부족해지고, 반대로 재미 체력이 갖춰진 아이는 놀이뿐 아니라 공부에서도 재미를 누리는 재미의 부익부 빈익빈 상황이 펼쳐지게 됩니다.

3

재미의 운동방정식

심심함은 높은 곳에 있는 위치 에너지와 같습니다. 언제든 물리적 가속도(탐험, 경험 욕구)로 전환될 수 있기 때문이지요. 반면 아이들에게 **꿀잼만 제공하는 것은 마치 언덕 아래 평평한 곳에 공을 두는 것과 같습니다. 움직일 이유가 사라지죠.** 아이들이 세상에서 다양한 '통잼'을 경험하도록 하려면, 집은 적당히 심심해야 합니다. 심심함이라는 잠재 에너지가 쌓이면, 아이들은 마찰이 적은 경사로를 따라 세상 속으로 굴러갑니다. 그곳에서 느낀 복합적인 재미가 뇌를 건강하게 만들고, 삶의 호흡을 길게 합니다.

<h1 style="text-align:center">4</h1>

재미를 깊게 만드는 힘,
문해력과 언어 감수성

집은 심심할수록 아이들이 '재미 체력'을 기르게 됩니다. 그러나 재미를 깊게 느끼고 오래 누리려면 또 하나의 필수 요소가 있습니다. 바로 문해력과 언어 감수성입니다.

"아는 만큼 보인다"는 말은 단순한 격언이 아닙니다. 같은 영화를 보더라도, 같은 스포츠 경기를 보더라도, 같은 게임을 하더라도 언어적 감각과 이해력이 풍부한 사람은 훨씬 깊은 재미를 느낍니다. 등장인물의 대사 속 뉘앙스를 읽어내고, 경기의 전술적 맥락을 파악하며, 게임 속 세계관의 복잡한 구조를 즐길 수 있기 때문이지요. 반대로 문해력이 부족한 아이는 눈앞에 보이는 자극 외에는 즐길 수 있는 층위가 얕습니다. 즉, 재미를 느끼는 능력 자체가 문해력과 언어 감수성에 의해 크게 좌우되는 것입니다.

행복은 재미와 밀접한 연관성이 있겠지요. 누구나 행복하고 싶어 하고, 행복은 '재미를 얼마나 깊이 느낄 수 있는가'에 비례합니다. 그렇다면 아이가 문해력과 언어 감수성을 기르는 것은 단순히 공부 잘하기 위한 수단이 아니라, 행복한 사람으로 자라기 위한 핵심 조건이 됩니다. 어릴 때부터 **스마트폰을 손에 쥐여주는 행위는 결국 '재미를 덜 느끼는 아이, 행복하지 않은 아이'로 기르는 것과 다르지 않습니다.** 아이러니하게도 부모가 행복을 바란다고 하면서도 정작 행복을 가로막는 환경을 스스로 제공하는 셈입니다.

5

직관적 디자인의 함정

오늘날 모든 제품과 콘텐츠는 '직관적'이라는 이름으로 포장됩니다. 설명서를 보지 않아도, 앞뒤 맥락을 이해하지 않아도, 그저 눈에 띄는 버튼 하나만 누르면 되는 방식이 최고의 가치처럼 여겨지고 있습니다. 콘텐츠도 마찬가지입니다. 짧고 자극적이며, 분석이나 해석이 전혀 필요 없는 영상들이 폭발적인 조회수를 얻습니다. 소설이나 영화의 제목은 직관적으로 내용을 짐작할 수 있도록 문장화되는 경향이 커지고 있지요.

이런 환경 속에서 자란 아이들은 점점 **문장을 읽지 않아도 되는 세계**에 익숙해지고, 이야기를 이어서 이해할 필요가 없으며, 복합적 사고를 기를 기회를 잃어버립니다. 그 결과 나타나는 것이 바로 '팝콘 브레인(popcorn brain)'입니다. 말초적 자극에는 즉각 반응하지만, 오래 곱씹고 음미하는 능력은 사라지는 뇌 구조 말입니다.

결국 깊은 재미를 느끼는 힘은 '지루함을 견디는 힘'과 '언어로 사유하는 힘'에서 비롯됩니다. 아이가 책을 읽고, 글을 쓰고, 대화를 통해 언어 감수성을 키워나갈 때 비로소 세상은 다채롭게 보입니다. 그만큼 재미는 두꺼워지고, 행복도 풍성해집니다. 아이에게 진짜 재미와 행복을 물려주고 싶다면, **심심한 집 + 문해력 훈련**이 최고의 환경입니다.[2]

6

공명의 원리

근육을 키우는 것은 결코 쉽지 않습니다. 하물며 보이지 않는 내면의 근육을 키운다는 건 더 어려운 일처럼 보이지요. 그런데 다행히도, 이 근육이 자라고 있는지를 알 수 있는 신기한 판별법이 있습니다. 그것이 바로 공명(resonance), 맞울림의 원리입니다.

공명이란 말 그대로 re(다시) + sound(소리), 즉 '함께 울린다'는 뜻입니다. 모든 물체는 저마다의 고유한 진동수를 가지고 있는데, 외부에서 같은 주파수가 닿으면 함께 울려 퍼집니다. 사람의 내면도 이와 다르지 않습니다.

예를 들어 자녀가 장차 어떤 배우자를 만날지가 걱정될 수 있습니다. 겉모습만으로는 속사람을 알기 어렵고, 인연은 부모가 일일이 조종할 수도 없습니다. 하지만 해법은 있습니다. 흔히 말하는 "끼리끼리 만난다"는 말이 바로 공명의 원리입니다. 사람마다 품격, 가치관, 생각의 수준에 따른 진동수가 있고, 그 주파수가 맞아야 비로소 눈이 맞고 끌리게 됩니다. 그렇다면 부모가 해줄 일은 단순합니다. 자녀가 좋은 내면을 갖도록 돕는 것입니다. 그러면 굳이 간섭하지 않아도, 아이 스스로 좋은 사람과 공을 알아보고 만나게 됩니다.

그렇다면 우리 내면의 근육이 자라고 있는지 어떻게 알 수 있을까요? 그 답 역시 **공명**에 있습니다. "내가 감각적 재미와 얼마나 공명하는가?"를 스스로 물어보면 됩니다. 스마트폰과 미디어 속에는 '돈이 되는 시선'을 끌기 위해 자극적이고 저질스러운 콘텐츠가 넘쳐납니다. 그런데 그것이 유난히 끌린다면, 미안하지만 내면이 아직 그 수준과 맞아 공명을 일으키고 있는 것입니다.

그러나 내적 근육이 단단해지면 상황이 달라집니다. 과도하게 자극적인 콘텐츠가 점점 불쾌하고 불편해집니다. 마치 건강한 입맛을 가진 사람이 싸구려 조미료의 인위적인 맛을 거슬려하는 것과 같습니다. 그러면서 자연스레 주변은 조용해지고, 깊이 생각하고 집중할 시간이 많아집니다. 실제로 건강한 흐름을 탄 아이들이 이런 현상을 보이는 경우가 많습니다. 외부의 저차원적 자극과 공명하지 않고, 오히려 고차원적인 책과 음악, 깊은 대화와 몰입의 경험에 울림을 느끼게 되는 것입니다. 결국 내면의 근육이 자랐는지는, 무엇과 맞울리고 무엇과 맞지 않게 되는가에서 드러납니다.

7

재미도
부익부 빈익빈이다

지연적·생산적 재미가 공명을 일으키는 과정에는 크게 3가지 단계가 있습니다. 새로운 게임을 시작할 때를 생각하면 이해가 쉽습니다.

A: 새롭게 알게 되면서 느끼는 재미

조금씩 익숙해진 기술을 실제 상황에서 활용할 때 또 다른 재미가 더해집니다.

B: 알게 된 지식을 응용하며 느끼는 재미 (예: 문제 풀이)

누군가 "공부가 재밌다"라고 하면 재수 없다고 하지만 학습에도 분명히 재미가 있습니다. 처음엔 공부 습관을 잡는 것조차 어렵고, 기본 개념을 익히는 것도 힘겹습니다. 그러나 어느 정도 익숙해지면 문제를 풀고 맞추는 과정에서 은근한 재미가 생깁니다. 어떤 사람들은 심심하거나 우울할 때 오히려 수학 문제를 풀며 마음을 안정시키기도 하지요. 물론 그것은 스마트폰 게임 같은 저차원적 재미의 짜릿함과는 비교할 수 없을 만큼 잔잔한 재미입니다. 하지만 바로 그 잔잔한 재미가 **지속적인 힘**을 만들어냅니다. 공부를 좀 한다는 아이들은 모두 이 B를 압니다. 물론 그들도 다른 저차원적 재미로 쏠리기 쉽지만, 결국 그들에겐 다음과 같은 흐름이 자리 잡습니다.

1. 저차원적 자극에 끌리더라도, 힘필이를 미루면 결국 우울감이 찾아온다는 사실을 알고 있다.

2. 저차원적 자극을 끊고 학습으로 에너지를 돌릴 수 있는 내적 근육이 발달되어 있다.

3. 공부에 몰입하다 보면 B의 고차원적 재미가 잔잔하게, 그러나 갈수록 더 깊이 느껴진다.

4. B의 재미를 충분히 맛본 순간, 다른 저차원적 재미는 예전만큼 끌리지 않는다. (공명이 더 이상 일어나지 않는다.)

5. 그 결과 시간이 지날수록 생산적 재미에 에너지를 집중하기가 쉬워진다.

결국, B의 재미를 아는 사람은 갈수록 더 많은 재미를 누리게 되고, 모르는 사람은 점점 더 재미로부터 멀어지게 됩니다. 재미에도 부익부 빈익빈 현상이 일어나는 것입니다. 이 차이는 단순한 성적의 격차를 넘어, 삶 전체의 태도와 만족감을 가르는 갈림길이 됩니다. 잔잔하지만 깊어지는 재미를 아는 사람은 평생을 풍요롭게 살아가고, 순간적 자극만 좇는 사람은 갈수록 허무와 공허 속에 머물게 됩니다.

8

main job에서
재미를 느껴야 한다

우리가 누군가를 부러워하는 이유는 단순합니다. 그들은 **중요한 자리에서 능력을 발휘하고, 그 안에서 재미를 느끼기 때문**입니다. 그 중요한 일을 개인적 차원에서는 main job(주 업무)라 부릅니다.

직장인으로 비유해 봅시다. 다른 걸 아무리 잘해도, 정작 main job에 서툴다면 행복하기 어렵습니다. 취미는 물론 소중하지만, 취미를 업무보다 우선시한다면 어떻게 될까요? 업무 시간 내내 시계만 보며 퇴근만 기다릴 겁니다. 하루의 대부분을 보내는 시간이 불행하다면, 그 사람이 진정 행복할 수는 없습니다.

반대로 업무를 성실히, 창의적으로 해내면 힘들긴 하지만 반드시 그 안에서 재미와 보람을 발견하게 됩니다. 그리고 업무를 재미있게 마치면, 비로소 취미를 더 즐길 수 있는 여유가 생깁니다.

학생이라면 main job은 '공부'입니다. "공부가 인생의 전부는 아니잖아요!"라는 반박도 있겠지요. 맞는 말입니다. 하지만 **문제는 성적이 아니라 자세**입니다. main job을 회피하는 태도 자체가 이미 불행을 예고합니다.

인생에서 가장 중요한 것은 자세이고, 자세를 지탱하는 힘은 힘필이 근육입니다. 성적은 그저 시간이 흐르면서 따라오는 부산물일 뿐입니다.

"나중에 장사할 거니까 공부 필요 없다.", "게임만 하고 싶으니 프로게이머가 되겠다."라고 말하는 사람도 있습니다. 사회적 전망이나 직업적 현실을 차치하고라도, 실패할 확률은 압도적으로 높습니다. 이유는 단순합니다. 어떤 직업이든 결국 힘필이 근육이 필요하기 때문이지요. 그런데 성장기 main job을 회피하면, 근육이 단련되지 않은 채로 성인이 됩니다. **좋아하는 일을 할 땐 버틸 수 있다고 믿지만, 그것이 직업이 되면 반드시 지긋지긋한 순간이 찾아옵니다.** 그때 도망칠 가능성이 높은 것은, 이미 습관과 근육이 그렇게 길러져 있기 때문입니다. 이것이 **관성의 법칙**입니다.

야구에서도 마찬가지입니다. 큰 점수 차로 지고 있는 경기라고 해서 감독이 주전 선수들을 다 빼버리지는 않습니다. 왜냐면 내일 또 시합이 있기 때문입니다. 오늘 흐트러진 근육은 내일로 이어집니다. 표면적으로는 0:0에서 시작하는 것 같아도, 실제로는 이미 0:5로 뒤지고 시작하는 것과 같습니다. 그래서 지는 경기라도 마지막까지 집중하는 태도가 중요합니다.

지는 상황, 잘못된 상황에서 힘을 끌어올리는 건 고통스럽습니다. 이미 잘못 발달한 근육을 반대 방향으로 비트는 과정이니까요. 그러나 이 과정을 피하면, 영영 다시 일어설 기회를 얻지 못합니다. **스스로 이해해야만 버틸 힘이 생깁니다.** 누가 시켜서가 아니라, 왜 지금 견뎌야 하는지, 왜 힘필이 근육을 길러야 하는지를 스스로 깨달아야 합니다. 그 순간이 바로 반격의 시작입니다. 공부가 중요해서가 아니라, 학생의 main job이 공부이기 때문에 성의 있는 자세를 취해야 합니다. 그 과정이야말로 힘필이 근육을 단단하게 만들고, 다시 0:0에서 새출발할 수 있는 기회를 줍니다.

공부와 행복의 역설

자기주도학습 전문가로서 학습심리학을 논문을 쓰면서 놀라운 사실을 발견했다. 흔히 공부를 잘하는 아이들은 놀 시간이 없어 불행하고, 공부를 안 하는 아이들은 친구들과 노래방도 가고 영화관도 가니 더 행복할 거라고 생각한다. 그런데 어느 날 전교 5등 안에 드는 학생 다섯 명을 대상으로 심리검사를 해보았더니, 결과는 전혀 예상 밖이었다. **모두가 자신의 삶에 매우 만족하고 있었다.** 왜일까? 오랜 고민 끝에, 그것은 **정체성**과 관련 있다는 것을 알게 되었다. '학생(學生)'이라는 단어에는 '배울 학(學)'이 들어 있다. 즉, 배우는 것이 학생의 본질이고, 배움이 멈춘 상태가 오히려 불행을 낳는 것이다. 가장 안타까운 학생은 공부를 '하기 싫은' 아이가 아니라, 공부를 '하고 싶은데 할 수 없는' 아이였다. 그들은 대부분 어릴 때 독서가 되지 않아 읽고 이해하는 능력이 약한 경우가 많았다. 하루 종일 1교시부터 7교시까지 앉아 있지만 수업 내용을 이해하지 못한 채 앉아 있는 그 시간, 어떻게 행복할 수 있겠는가? 결국, **우리 아이들의 행복을 위해서라도 공부는 잘해야 한다.** 공부는 성적의 문제가 아니라 **존재의 만족도와 직결된 문제**이기 때문이다.

"배움은 행복의 근육이다." 공부는 성적보다 '정체성'의 문제다.

배움이 멈추면 '나는 누구인가'가 흔들린다.

'공부할 수 있음'은 특권이다.

배우고 싶은데 이해가 안 되는 고통이 아이에게 가장 큰 불행이 된다.

독서는 배움의 문을 여는 열쇠다.

읽고 이해하는 힘이 있어야 학습이 '즐거움'으로 이어진다.

공부는 아이의 자존감을 지켜주는 일이다.

배우는 과정에서 느끼는 성취감이 자기 효능감의 뿌리가 된다.

9

동기부여라는
보이지 않는 분모

흔히 "일이 많으면 힘들다"고 생각합니다. 하지만 현실은 그렇지 않습니다. 어떤 사람은 100이라는 일을 하면서도 지쳐 쓰러지는데, 다른 사람은 200이라는 일을 하면서도 오히려 더 가볍게 소화합니다. 왜 이런 차이가 생길까요? 이유는 숙련도, 동기부여 2가지 요소 때문입니다.

능숙하게 도구를 다루는 사람은 더 많은 일을 처리하면서도 덜 힘듭니다. 그런데 아이들을 보면 스마트폰을 누구보다 오래 쥐고 있지만, **소비에만 익숙할 뿐 생산에는 매우 서툽니다.** 컴퓨터 사용, 문서 작성, 심지어 키보드 타이핑조차 부모 세대보다 못하는 아이들이 많습니다. 스마트폰을 쓰느라 언어적 감각과 문해력이 약해져, 많은 정보를 다루거나 개념을 창안하는 데 필요한 근육이 길러지지 않은 것이지요.

숙련도보다 더 결정적인 것은 동기부여입니다. 동기부여는 눈에 보이지 않기 때문에 많은 사람들의 생각이 미치지 못합니다. 하지만 이게 곧 에너

지 공급 장치입니다. 이를 수학으로 표현하면,

'해야 하는 일 = 분자, 동기부여 = 분모'

라고 할 수 있습니다. 즉, **100 ÷ 10 = 10**(일은 100인데, 동기부여가 10), **200 ÷ 100 = 2**(일은 200인데, 동기부여가 100)인 경우 겉으로는 두 번째가 훨씬 많은 일을 하고 있음에도 불구하고, 실제 부담은 오히려 더 가볍습니다. 좋아하는 사람을 위해 종이학 1000마리를 접는 건 힘들지 않지만, 싫은 사람을 위해 100마리만 접어도 괴로운 이유가 바로 이것입니다.

10

스마트폰과 동기부여

스마트폰은 동기부여를 빼앗는 대표적인 도구입니다. 동기부여 motivation은 움직인다는 의미의 "movere"에서 나왔으니 즉 움직이게 하는 계기라는 뜻이지요. 하지만 스마트폰은 본질상 '움직이지 않기 위해서, 또는 덜 움직이고 덜 수고하기 위해서' 사용하는 도구입니다. 덕분에 편리하긴 하지만, 역학적으로 동기부여를 방해하게 되는 것이지요. 실제로 스마트폰을 자주 쓰는 아이일수록 일상의 움직임 자체가 적어진 걸 관찰할 수 있습니다. 또한 동기부여라는 개념 자체가 궁극적이고 긴 시야, 고차원적인 사고를 포함하기 때문에, 즉각적이고 저차원적인 자극으로서의 스마트폰과 상극이 됩니다. 학교에서나 학원에서 버티는 시간이 연속적으로 이어지는 상황에서, 찰나의 단맛과 같은 스마트폰은 main job으로서의 학습을 더욱 짜증 나는 시간으로 만들지요. 결국 학습의 흐름은 끊기고, 내적 근육은 자라지 않습니다. 어른도 마찬가지입니다. 회사에서 동기부여가 사라진 사람은 하루 종일 퇴근만 기다리는 삶을 삽니다. 일은 에너지를 소모하면서도 공급받아야 할 의미의 원천인데, 스마트폰의 즉각적 자극에 중독된 사람은 그 의미와 연결될 힘을 잃어버립니다.

보이지 않는
분모를 키워라

빙산을 보면 눈에 보이는 것은 단 10%이고, 나머지 90%는 눈에 보이지 않는 부분입니다. 이 이미지를 앞서의 분수에 비유해 볼 수 있지요. 즉 일의 양(분자)은 눈에 잘 보입니다. 하지만 동기부여(분모)는 눈에 보이지 않지요. 그래서 사람들은 자꾸 분자만 비교하면서 "저 사람은 왜 나보다 더 많이 하는데 덜 힘들지?"라고 의아해합니다.

세상은 보이지 않는 것이 보이는 것을 움직이는 구조입니다. 어린 왕자에서 여우가 말했듯, "가장 중요한 건 눈에 보이지 않는다"는 말이 바로 이 원리지요. 흐름이 좋은 사람은 보이지 않는 동기부여를 다스려 보이는 일들을 능숙하게 끌고 갑니다. 흐름이 나쁜 사람은 보이는 일만 붙잡고 씨름하다 결국 이용당하고, 소비 당합니다. 동기부여는 결코 저절로 생기지 않습니다. 내가 하는 일 속에서 끊임없이 의미(Why?)를 찾아야 합니다. 왜 이 일을 하는가? 무엇을 위해 지금 힘필이 근육을 쓰는가? 의미가 곧 에너지이고, 에너지가 곧 동기부여입니다.

동기부여라는 보이지 않는 분모가 커질수록, 인생의 분자는 아무리 커져도 가볍게 소화할 수 있습니다. 결국 행복은 이 원리를 이해하고 준비하는 사람의 몫입니다.

12

재미와 멋이
스크린을 넘어서게 하라

『호시탐탐 내 아이 진로 찾기』에서 자세히 다룬 바 있듯, 아이들을 움직이는 핵심 에너지는 2가지입니다. 첫째는 재미, 둘째는 멋입니다. 이 두 마리 말이 마차를 끌고 가는 이치입니다. 어디서 재미를 느끼고 어디서 멋을 느끼느냐에 따라 아이의 삶의 방향과 동력은 전혀 달라집니다.

"네가 보는 것이 너를 만든다.(You are what you see.)"라는 말은 아이들에게 더욱 강하게 적용됩니다. 무엇을 보느냐에 따라 재미와 멋의 수준이 결정되기 때문입니다. 스크린 속 콘텐츠는 자극적이고 직관적이며 말초적인 경우가 많습니다. 생각할 필요가 없는 자극에 길들여질수록 아이들은 점점 깊은 사유의 힘을 잃게 됩니다. 재미는 가만히 두면 아래로 흐르게 되어 있습니다. 그래서 가정에서 스크린 노출을 조절하는 일이 필요합니다.

문제는 단순히 빼앗는 방식으로는 해결되지 않는다는 점입니다. 스마트폰을 뺏으면 아이는 오히려 더 집착하게 됩니다. 중독의 원리상 단순한 제

거는 공백만 남기고, 그 공백은 더 강한 갈망으로 채워집니다. 굶는 다이
어트가 결국 더 심한 요요로 이어지는 이치와 같습니다. 따라서 중요한 것
은 '대체'입니다. 더 건강하고, 덜 자극적이지만 지속 가능한 재미로 바꿔
주는 것, 이것이 핵심입니다.

　집안에서 미디어 사용을 줄이기로 했다면, 그 시간에 아이가 집어들 수
있는 대체재를 마련해주어야 합니다. 대체재로써 무엇이 적절할지는 아이
의 기질에 따라 달라질 것입니다. 책, 운동, 악기, 그림, 보드게임, 퍼즐,
미니어처 제작, 사회적 활동 등 여러 가지 옵션이 있고, 이런 옵션은 다양
하게 구비될수록 좋습니다. 하지만 그중에서도 책은 옵션이 아니라 필수
라고 할 수 있습니다. 아이가 평생 인생을 어떻게 보고 생각할지의 방식
에 직접적으로 영향을 미치기 때문입니다. 또 젊은 시절의 학업이나 사회
생활에 있어서의 기획 등, 모든 영역의 사고력에 언어 능력은 직결됩니다.
생각이 말을 만드는 게 아니라, 말이 생각을 만드는 것이지요. 니체는 "꿀
벌은 밀랍으로 집을 짓지만 인간은 언어로 집을 짓는다"라고 했고, 비트겐
슈타인은 "언어의 한계는 곧 세계의 한계"라고 했지요. 그렇기에 어린 시
절부터 아이의 재미가 텍스트에 무게중심을 두도록 해야 합니다.

　장르가 무엇이든 상관없습니다. 고전이나 지식서가 아니어도 좋습니다.
오히려 처음부터 고전만 권하는 것은 펌프 없이 높은 곳으로 물을 끌어 올
리려는 시도와 같습니다. 아이는 당연히 흥미를 잃을 수밖에 없지요. 실제

로 제가 가르친 한 학생은 판타지 소설에 깊이 빠져 방을 온통 판타지 책으로 채워두곤 했습니다. 그런데 이 아이는 고등학교 국어에서 손쉽게 1등급을 받았고, 다른 과목에서도 문해력이 뒷받침되어 성적을 꾸준히 올릴 수 있었습니다. 대학에 들어가서는 지식서와 철학책을 스스로 찾아 읽으며 깊이 있는 성인으로 성장했습니다. 처음에는 '가볍다'고 여겨질 수 있는 독서가 결국은 더 큰 성장을 이끌어낸 것입니다.

따라서 어떤 주제든, 아이가 재미있어하는 텍스트라면 읽게 두는 것이 좋습니다. 단, 만화책은 예외입니다. 지식을 쉽게 접하게는 해주지만, 그림이 언어 감각의 훈련을 방해하기 때문입니다. 결국 중요한 것은 텍스트에 오래 머무를 수 있는 습관과 환경을 마련하는 것입니다.

또한 운동과 예술 활동에 있어서도 한두 개씩을 꾸준히 지속하는 것 역시 필수라고 할 수 있습니다. 아이가 어릴 때 다양한 예체능 교육을 접하는 이유가 여기에 있습니다. 직업으로 연결되는 경우는 소수고, 실제로는 **정서적 안정과 지연 만족 능력을 키우는 데 큰 도움이 되기 때문**입니다. 어릴 때 다양한 예체능을 배우는 것은 일종의 '정서적 분산 투자'와 같습니다. 주식 투자에서 "달걀을 한 바구니에 담지 말라"는 격언처럼, 감정의 안정을 여러 활동에 나누어 두면 삶이 균형을 잃지 않습니다. 학생 시절, 사회인이 되었을 때, 나이가 들어서 인생 전반에 걸쳐 큰 스트레스를 겪는 순간이 찾아옵니다. 그때마다 독서, 운동, 음악, 미술 등 다양한 깊이 있는 재미를 경험한 사람은 훨씬 안정적으로 자신을 지켜낼 수 있습니다.

또한 예체능 활동은 스마트폰이 주는 즉각 만족과는 다른 차원의 깊은 재미를 제공합니다. 어떤 영역에서든 깊이 몰입해 본 경험이 있는 아이는 얕은 자극에 쉽게 끌려가지 않습니다. 오히려 낮은 수준의 만족에서 벗어나 더 큰 성취와 성장으로 나아가게 됩니다. 그렇기에 스마트폰의 공백을 대비하는 차원에서 책뿐 아니라 운동과 예술적 활동을 함께 마련해주는 것이 중요합니다.

자녀가 이미 성장한 경우라도 늦지 않았습니다. 매주 1회라도 새로운 운동이나 악기, 혹은 미술 활동 등을 시작해 보는 것만으로도 스마트폰 중독을 줄이는 데 직간접적인 효과가 있습니다. 단 어떤 활동이 아이의 깊숙한 곳 핵심에 찌르르~ 하는 자극이 될지는 여러 번 시행착오를 거쳐야 할 수 있습니다. 처음에는 아이가 싫어하다가 갑자기 열정적으로 변할 수도 있습니다. 옆에서 지켜보는 부모 입장에서는 답답하기도 하고 아깝다는 생각도 들 수 있지만, 이런 시행착오를 통해서 재미의 자원을 마련해 가는 게 거의 유일한 방법이라는 점을 명심해야 합니다. 정서적 안정과 자기 몰입의 기회를 늘려가는 경험은 험난하긴 하지만, 꾸준히 지속하는 과정 자체가 삶 전체를 풍요롭게 만들어줄 수 있습니다. 이런 고차원적인 재미와 멋을 추구하게 된다면, 보다 고차원적인 목표와 인간관계를 경험하게 될 것입니다.

아이의 재미와 멋은 결국 '무엇을 보느냐, 무엇을 경험하느냐'에 의해 결정됩니다. 부모가 할 일은 빼앗는 것이 아니라, 더 좋은 것을 대신 깔아주는 일입니다. 그렇게 할 때 아이는 스스로 성장의 길을 걸어가게 될 것입니다.

세상을 담는 그릇,
시사로 키우는 감각

현실을 돌아보면, 요즘 아이들이 시사와 세상에 대해 얼마나 무관심한 지 새삼 놀라게 됩니다. 많은 아이들의 관심은 쇼츠나 유튜브 같은 짧고 자극적인 콘텐츠에 집중되어 있습니다. 끊임없이 이어지는 강한 자극에 익숙해지다 보니, 세상에서 어떤 기술이 등장하고 있는지, 어떤 전쟁과 국제 갈등이 경제에 어떤 영향을 미치는지에 대한 감각은 거의 없다시피 합니다. 이런 상태에서 과연 사회에 나가 어떤 일을 하며 살아갈 수 있을까요. 우리 교육의 우선순위가 얼마나 뒤바뀌어 있는지를 보여주는 장면이기도 합니다. 시험 준비와 점수 경쟁은 강조되지만, 정작 세상을 이해하고 해석하는 힘은 거의 길러지지 못하고 있기 때문입니다.

반면 미디어가 적절히 절제된 아이는 처음엔 **재미에 굶주린 듯 보입니다. 하지만 이 상태야말로 교육적으로 가장 이상적인 순간입니다. 자극적인 콘텐츠에 길들여지지 않은 마음은 오히려 작은 재미에도 깊이 반응합니다.** 독서, 대화, 관찰, 뉴스 한 편까지도 스펀지처럼 흡수하며 자신만의 생각과 방향을 만들어가기 시작합니다. 이것이 바로 '미디어 절제의 진짜 목적'입니다. 단순히 스크린 시간을 줄이는 것이 아니라, **깊은 재미로**

이끄는 감각의 회복이 핵심이지요.

이 시점에서 가장 효과적인 활동이 바로 '시사 기반 진로 탐색'입니다. 『호시탐탐 내 아이 진로 찾기』에서 제안했던 박람회 참여, 영화 감상, 주식 체험 같은 활동들은 단순한 정보 수집이 아니라 세상과 나를 연결하는 창문입니다. 이런 활동이 제대로 작동하려면 반드시 선행되어야 할 조건이 있습니다. 그것이 바로 **'관심의 그릇'을 만드는 일**입니다.

'그릇이 없으면 담을 수 없다'는 말처럼, 세상 모든 정보도 내 안의 관심사와 연결될 때 비로소 의미가 생깁니다. 예를 들어 환경 문제에 관심 있는 학생이라면 COP 회의나 탄소중립 뉴스를 흥미롭게 볼 것이고, AI 기술에 끌리는 학생이라면 오픈AI나 챗GPT의 새로운 변화에 귀를 기울이게 됩니다. **매일 일정 시간을 부모와 함께 뉴스를 보면서 이야기를 나누는 활동을 추천합니다.** 재미에 목말라 있기 때문에 아이는 여러 영역의 일에 관심을 가질 겁니다.

이런 관심의 확장은 불교의 연기론적 사고와 닮아 있습니다. 세상의 모든 것이 서로 얽혀 있음을 깨달을수록 아이의 진로 탐색은 점점 넓고 깊어집니다. 처음엔 환경이 관심이었더라도 그 안에서 경제, 정치, 과학, 언어로 확장되며 자기만의 지적 생태계를 구축해 나갑니다.

시사 기반의 진로 탐색은 단순히 세상 소식을 아는 것을 넘어, '세상을 해석하는 태도'를 기르는 과정입니다. 급변하는 시대에는 한 분야에만 머무르는 것이 아니라, 그래스 호핑(grass-hopping)—즉, 분야 간을 유연하게 넘나드는 능력이 핵심 역량으로 작동하니까요.

가정에서도 이를 실천할 수 있습니다. 가족 단톡방을 '진로+세상 공유 방'으로 만들어보세요. 부모는 사회적 이슈나 기사, 자녀는 기술·게임 관련 소식 등을 공유하며 서로의 관심을 존중하고 확장시켜 주는 것입니다. 단, 잔소리보다 호기심을 자극하는 대화가 중심이 되어야 합니다.

저희 아이는 얼마 전에 "왜 나를 이렇게 늦게 낳았어? 할 일이 너무 많은데, 늦게 사회에 나가면 어떡해?"라고 말하더군요. 세상이 구체적으로 보일 때 비로소 아이는 자기 시간의 소중함을 깨닫습니다. 반대로 세상을 보지 못하면 주어진 과제만 수행하는 '동굴 속 학생'으로 남게 되지요. 결국 중요한 것은 그릇을 만들고, 그 안에 세상을 담아가는 것입니다. 처음엔 작은 관심이었더라도 꾸준히 담다 보면, 그릇은 저절로 커집니다.

13

미디어 절제를
특별함으로 여기게 하라

어릴 때는 주변 친구들이 스마트폰으로 게임을 하거나 영상을 보는 모습이 부러워 보일 수 있습니다. 그들은 늘 손 안의 화면 속에서 화려한 장면과 자극적인 웃음을 공유하지요. 그 시기에는 좋은 기기를 갖고 있는 것이 곧 인기의 비결처럼 보입니다. 하지만 시간이 흐르면서 아이들의 눈도 서서히 변합니다. 단순히 무엇을 가지고 있느냐보다 '어떤 흐름으로 살아가느냐'를 보기 시작합니다. 꾸준히 자신만의 리듬을 지켜내는 아이, 휘둘리지 않고 중심을 지키는 아이에게서 묘한 멋이 느껴지기 시작하지요. 결국 아이들도 '좋은 기기'를 가진 친구보다 '좋은 흐름'을 가진 친구를 멋지게 인식하게 됩니다.

그래서 처음에는 인간관계에서 다소 움츠러들었던 아이가, 시간이 지나며 오히려 중심에 서게 됩니다. 스스로 절제할 줄 알고, 자기 세계를 지닌 아이는 결국 친구들 사이에서도 신뢰와 존경을 받습니다. 겉보기엔 늦게 피는 듯하지만, 시간이 그 아이의 편이 되어줍니다. 결국 **'시간은 미디어 절제를 하는 가정의 편'**입니다.

화려함에 휩쓸리지 않고, 조용히 자신만의 시간을 갖는 사람은 남들과 다른 '결'을 지닙니다. 이 결이 바로 진짜 멋입니다. 스스로 절제하고 자신을 다스릴 줄 아는 사람에게서 풍기는 깊은 매력은 단순히 외적인 멋이 아니라 내면의 품격에서 나옵니다. 스마트폰을 절제하는 가정의 아이는 처음에는 외로워 보일지 모르지만, 그 시간에 쌓이는 집중력과 사유의 깊이는 결국 또래와는 비교할 수 없는 자산이 됩니다. 남들이 손가락으로 화면을 넘길 때, 그 아이는 자신만의 세계를 한 페이지씩 만들어 갑니다. 그것은 남이 보여주는 이야기의 소비자가 아니라, 스스로 이야기를 만들어내는 주체로 성장하는 길입니다.

이런 자각이 생기면 미디어 절제는 '억눌림'이 아니라 '선택'이 됩니다. "나는 특별하기 때문에 이 길을 걷는다"는 의식이 생기면, 순간순간 찾아오는 충동적인 욕구도 견뎌낼 힘이 생깁니다. 세상의 대부분이 즉각적인 자극에 휘둘릴 때, 자신은 다르게 살고 있다는 자부심—그건 어른이 되어도 좀처럼 얻기 힘든 귀한 감정입니다.

결국 이 특별함 의식은 아이가 자신을 '조절할 수 있는 사람'으로 성장하게 합니다. 그리고 그런 사람은 언제나 스스로의 삶을 주도적으로 이끌어 갑니다. 남들이 휩쓸릴 때 흔들리지 않고, 남들이 지칠 때 오히려 몰입하는 힘. 그것이 바로 미디어 절제의 진짜 보상입니다.

아이에게 미디어를 빼앗는 대신, 그 절제를 '특별함의 증표'로 느끼게 하십시오. "우리 집은 다르다"는 말이 결핍이 아니라 자부심이 될 때, 그 아이는 단순히 스마트폰을 절제하는 것이 아니라 자기 자신을 지켜내는 법

을 배우게 됩니다. 그리고 그것이야말로 평생 흔들리지 않는 진짜 힘이 될

것입니다.

학교를 마치고 문득 똘망군과 데이트를 하고 싶었다. 마침 전화를 했더니 학교 앞을 지나가고 있다고 했다. 우리는 학교 근처 떡볶이집으로 향했다. "오늘은 어땠어?", "…좋았어요. 그런데 엄마, 스마트폰이 없으니까 가끔 좀 그래요." 나는 천천히 고개를 들었다. "뭐가 그래?", "친구들끼리 집에 갈 때 스마트폰 없으면 오지 말라고 할 때가 있어요. 그래도 ○○이가 '그냥 구경만 시키자' 해서 갈 때도 있는데… 그럴 때마다 마음이 조금 그래요." 나는 잠시 똘망군을 바라봤다. "그랬구나. 속상했겠다. 그럼 어떻게 하면 좋을까?" 똘망군은 잠시 생각하더니 조용히 말했다. "근데 이상해요. 스마트폰은 사고 싶지 않아요.", "그래? 왜 안 사고 싶어?", "그냥… 뭔가 안 좋을 것 같아요. 스마트폰이 있으면 손해가 더 클 것 같아요.", "이득과 손해가 몇 대 몇일 것 같아?", "음… 이득이 20, 손해가 80?" 나는 놀라 웃음이 났다. "엄마는 최소 51 대 49 정도일 줄 알았는데?" 똘망군은 담담하게 말을 이었다. "스마트폰 없어서 소외될 때는 조금 있어요. 수업시간에 불편할 때도 있고요. 근데 그게 다예요.", "그럼 스마트폰 없을 때 장점은 뭐야?", "제가 좋아하는 피아노를 마음껏 칠 수 있어요. 책이랑도 계속 친하게 지낼 수 있고… 공부에도 방해가 안 되고요." 나는 마지막으로 조심스레 물었다. "혹시 2G폰 들고 다니는 게 남들 보기 창피하진 않아? 자존감 떨어지진 않아?" 똘군은 깜짝 놀라며 단호히 말했다. "아니요! 없으니까 아쉬울 때는 있지만 그렇다고 제 가치가 떨어진다고 생각하진 않아요. 오히려 이런 제가 좀 대단한 것 같아요." 그 말을 들으며 스마트폰과 게임 문제로 고민하는 많은 부모 생각이 났다. '혹시 아이가 소외되지는 않을까?', '혹시 자존감이 줄진 않을까?' 늘 마음 한켠에 걱정이 있다. 그런데 고등학교 현장에서 보면 참 아이러니하다. 극상위권 아이들일수록 스마트폰이 없거나, 있어도 사용량이 매우 적다. 시험기간에는 부모에게 스스로 맡기기까지 한다. 그들은 스마트폰이 자신들의 집중을 얼마나 흔드는지 몸으로 알고 있기 때문이다. 반면, 다른 학생들은 여러 이유를 들며 스마트폰을 포기하지 못한다. 스마트폰이 곧 자기 정체성의 일부가 되기도 한다. 하지만 똘망군은 달랐다. **스마트폰 없이도 스스로 균형을 찾는 법을 조금씩 익혀가고 있었다.** 그 모습이 고맙고, 조금은 뭉클했다. 미디어 절제가 단순한 결핍이 아니라 아이의 정체성과 태도를 키우는 하나의 특별함이 될 수 있음을 아이 스스로 보여준 순간이었다.

에나지의 꿀팁

"절제는 결핍이 아니라 정체성이다."
스마트폰이 없다는 사실보다, **스마트폰 없이도 괜찮다고 생각하는 마음**이 더 중요하다. 미디어 절제는 '억압'이 아니라 **아이의 자율성과 가치관이 자라는 토양**이다. 아이는 스스로 비교하고 깨닫고 선택한다. 부모는 그 선택을 존중하며 옆에서 잡아주면 된다. 미디어 절제를 '특별함'으로 언어화하면 아이는 그것을 **자기만의 자긍심**으로 내면화한다.

4

스크린 세대의 약점과 해결책

스마트폰, 패드 등의 스크린 미디어에 지나치게 노출될 때의 문제들은 너무 자주 언급되는 이야기입니다. 여기서는 그런 부분을 최소화하되, 일반화된 미디어 문화 속에서 간과되는 부분과 미처 생각하지 못하는 부분들을 다뤄보려고 합니다.

1

사라진 '주변머리',
미디어와 아이의 적극성

언어학적으로 보면 어떤 단어가 잘 쓰이지 않게 된다는 건 실제로 그런 문화 자체가 사라졌거나, 아니면 너무 대중화돼서 구분할 필요조차 없어졌음을 의미합니다. 비트겐슈타인의 말처럼 언어는 개념의 집이기 때문입니다. 그 수많은 예 중에서 야망은 전자, 주변머리는 후자에 해당합니다. 주변머리가 없다는 건 무언가 눈치가 없거나 상황을 파악하지 못하는 사람에게 흔히 쓰던 말인데, 요즘 잘 쓰이지 않는 이유는 **주변머리가 없는 사람이 너무나 일반화되었기 때문**입니다. 즉, 너무나 자기중심성이 강해져서 다른 사람에 대한 인지 자체가 발달하지 않는 세대가 자라나고 있다는 말입니다.

야망은 들 야(野)에 바랄 망(望)이니, 들판을 바라는 마음입니다. 부모가 제공해 주는 편안한 온실 속에서만 안주하는 게 아니라, 불안정하지만 나의 가능성을 펼쳐보고 싶어 하는 마음이지요. 야망과 주변머리라는 표현이 함께 사라진 것은 우연이 아닙니다. 주변머리는 단순한 센스가 아니라 주변 상황을 빠르게 파악하고 그에 맞춰 반응하는 능력이거든요. 즉 야생에서 살아남는 데 필수적인 생존력과도 같은 감각이므로 야망 없이 온실에 안주하는 **아이들은 자연스레 주변머리도 자라지 않습니다.** 아이들의 눈이 늘 **스크린에 고정되어 있기 때문**입니다.

식사를 준비하는 동안 아이는 스마트폰 화면을 붙들고 있습니다. 결국 폰에서 시선을 떼지 않은 채 마지못해 식탁에 와서 '밥 먹는 시늉'만 합니다. 이런 상황에서 부모가 대화를 시도해도 아이에게는 오히려 보고 싶은 화면을 방해하는 귀찮은 간섭일 뿐입니다. 심지어 폰만 보고 있는 아이의 입에 밥을 떠먹여 주기도 합니다. 이런 아이들이 모인 장소(학교, 학원, 또는 다른 곳)에서 뭔가 문제상황이 발생하면 어떤 장면이 펼쳐질까요? 아이들은 그저 폰만 보고 있거나, 멀뚱멀뚱 앉아 있거나, 아니면 폰만 들이대면서 찍는 모습을 보입니다. **상황에 주체적으로 참여하는 게 아니라 항상 방관자로서의 역할만 했기 때문입니다. 항상 떠먹여 주는 상황에 익숙해서, 내가 알아서 꾸려나가야 하는 상황은 너무나 당혹스럽습니다. 결국 나이 들어서도 다시 부모에게 의지하게 됩니다.** 아이를 망치고 싶으면 이런 패턴을 따르면 되겠지요.

아이에게 공부를 시키는 이유는 결국 사회에서 잘 살아가는 지식과 지혜를 갖추게 하기 위해서입니다. **그 어떤 직업도 사람과의 관계, 상황 파악, 빠른 반응이 필요하지 않은 곳은 없습니다.** 아이가 공부를 잘해서 의

사가 되었다고 가정해 봅시다. 명문대 출신에 화려한 이력이 있다고 해도, 만약 환자와의 대화에서 눈치가 없으며 무뚝뚝하기만 하다면 어떨까요? 좀 덜 유명한 의대 출신이라 하더라도 **사람을 배려할 줄 알고 눈치를 잘 보는 의사**가 훨씬 더 환자의 신뢰와 사랑을 얻게 됩니다. 결국 사회에서 성공을 좌우하는 힘은 단순한 '지식'이 아니라 **주변머리**입니다. 사람은 어려서부터 사람의 눈동자를 자주 마주쳐봐야 합니다. 그래야 그 안의 비언어적인 요소를 파악할 수 있습니다. 스크린에 얼굴을 묻고 눈과 귀를 닫은 아이들은 이런 대인관계 기술이 절대적으로 부족해집니다.

주변머리를 기르기 위해 부모가 해야 할 일은 분명합니다.

- 무언가를 지시받기 전에, 스스로 주변을 살피고 필요한 일을 찾아 움직이도록 가르쳐야 합니다. 예를 들어 엄마 아빠가 식사 준비나 청소를 하고 있을 때, 아이는 당연히 일어나서 '지금 내가 도울 수 있는 일이 무엇인지'를 파악해야 합니다. 주변 사람들이 뭔가 할 때 그대로 앉아 있으면 안 되겠다는 감각을 장착시키려면 한두 번의 지시로는 안 되고 집의 자연스러운 문화로 뿌리내릴 필요가 있습니다. **부드럽지만 단호한 태도**로 규칙을 반복하여 몸에 익히게 해야 합니다.

- 스마트폰이 없는 환경에서 자란 아이는 심심해서라도 자꾸 부모의 이야기에 참견하려고 할 것입니다. 이게 불편해서 폰을 쥐여주는 부모님들이 많지만, "넌 몰라도 돼"라고 하지 말고 아이와 함께 할 수 있는 이야기를, 심지어 아이에게 약간 어려워 보인다고 해도 최대한

설명하면서 함께 대화의 파트너로 참여시켜야 합니다. 아이가 어른이 되면서 토론, 토의, 발표 등에 능숙해지는 건 이런 뿌리에서 나오는 결과입니다.

스마트폰과 미디어가 활성화된 집안 환경에서는 이러한 적극성이 길러지기 어렵습니다. 아이의 시선이 언제나 스크린에 고정되어 있다면, 주변머리를 쓸 기회 자체가 사라지기 때문입니다. 스마트폰을 맘대로 쓸 수 있는 경우는 주변머리를 훈련시키려고 해도 부모가 먼저 포기하게 될 가능성이 높습니다. 말을 들은 그 순간만 마지못해 움직이는 시늉을 하고, 그 모습을 보는 부모가 스스로 지치게 될 것이기 때문입니다. 따라서 공부의 힘뿐 아니라 **사회 속에서 살아남고 사랑받는 힘**을 길러주려면 집이 미디어로부터 자유로운 공간이 되어야 합니다. 최대한 스마트폰 구매 시기를 늦추고, 사용 환경을 불편하게 하며 집을 심심한 공간으로 만들어야 합니다. 그래야만 스스로 움직이고, 주변을 살피며, 적극적인 반응을 보이는 법을 배웁니다.

자세가 마음을 만든다

야망을 가지려면 마음의 결심만으로는 부족하고 몸을 바로 세워야 합니다. 뇌과학과 한의학의 심신(心身) 관점으로 보았을 때, 몸과 마음은 분리할 수 없는 하나의 시스템이기 때문입니다. 구부정한 체형이 계속되면 마음이 점점 가라앉고, 우울감이 쌓입니다. 이런 우울한 마음은 달고 자극적인 음식을 찾게 하고, 체중 증가는 다시 마음을 더 무겁게 만듭니다. 악순환의 고리가 형성되는 것입니다. 실제로 정신과 진료 현장에서는 환자의 말뿐 아니라, 자세와 표정, 움직임 같은 신체 언어에서도 중요한 단서를 읽어냅니다. 고개를 숙이고 시선을 피하는 사람, 어깨가 축 처진 사람은 그 마음속 사정이 몸에 그대로 드러난 경우가 많습니다.

문제는 잘못된 자세가 장기화되면 그것이 체형으로 굳어지고, 결국 근골격계 질환, 두통, 소화불량, 우울감, 집중력 저하 등 다양한 건강 문제로 이어진다는 점입니다. 반대로, 자세를 바르게 하면 긴장된 근육이 풀리고 내장 기능이 회복되어 몸의 순환이 정상화됩니다. 최근 연구들도 척추를 곧게 펴거나 몸을 여는 자세가 긍정적인 감정을 높이고 자신감을 키운다는 결과를 보고하고 있습니다. '하이 파워 포즈(High Power Poses)'처럼 어깨를 펴고, 허리를 곧게 하고, 공간을 크게 차지하는 자세의 시간이 확보되어야 합니다. 이런 자세는 단순히 멋있어 보이기 위해서가 아니라, 뇌에 "나는 안전하다, 준비되어 있다"라는 신호를 보내는 행위입니다. 그 반대의 '로

우 파워 포즈'—팔짱을 끼거나 움츠린 자세—는 자신감과 활력을 갉아먹습니다.

    하지만 아이들은 수시로 로우 파워 포즈로 스마트폰을 들여다보고, 그것도 부족해서 걸어 다니면서도 스마트폰에서 눈을 떼지 못하고 있습니다. 심지어 자전거를 타면서 폰을 들여다보는 아이도 있지요. 이는 안전사고, 시력 저하, 거북목 증후군뿐 아니라 뇌 발달의 기회를 망가뜨리기까지 합니다. 성장기의 아이들에게 자연은 뇌를 건강하게 자극하고 균형 있게 성장시키는 '자연 교실'인데 요즘 시대에는 너무 먼 얘기가 되었습니다.

    루소는 『에밀』에서 아이는 책상 앞에서가 아니라 자연 속에서 진정한 배움을 얻는다고 했습니다. 자연은 아이의 감각을 일깨우고, 스스로 느끼고

탐구하며 배우도록 이끕니다. 학원에서 억지로 주입되는 지식보다 살아있는 경험 속에서 발견되는 지혜가 자유롭고 건강한 인간으로 자라게 하는 것입니다. 물론 아이가 어릴 때는 캠핑도 부지런히 데리고 다니고, 곤충박물관도 가고 하지요. 하지만 스마트폰을 쥐여주면서부터 자연은 너무나 멀어진 존재가 되어버립니다. 항상 옆에 있으나 전혀 인지하지 않는 존재랄까요. 자연에 대한 무관심은 학습에 대한 무관심과 같습니다. 스크린에서 나오는 빛은 결코 햇살을 대신할 수 없고, 손끝으로 넘기는 영상은 결코 풀잎을 만지는 경험을 대신할 수 없습니다.

3

자세가 두뇌를 만든다

나무, 풀, 꽃, 나비, 잠자리, 개미….이런 자연의 요소들을 명상하듯 바라볼 때, 우리 뇌에서는 알파파, 세타파 등 특별한 뇌파들이 나타납니다. 이 뇌파들은 정서적 안정, 집중력, 창의성, 기억력과 밀접한 관련이 있으며, 뇌가 고요하지만 활발하게 작동하는 상태를 만들어 줍니다.

- **알파파(8~13Hz) —** 눈을 감고 조용히 명상할 때처럼 편안한 집중 상태에서 많이 나타납니다. 이 뇌파는 스트레스를 낮추고, 창의적인 생각이 떠오르기 쉬운 환경을 조성합니다. 풀잎에 맺힌 이슬을 들여다보거나 나뭇잎 사이로 스며드는 햇살을 바라보는 순간, 뇌는 외부 자극에서 벗어나 세상을 깊이 이해할 수 있는 상태가 됩니다.

- **세타파(4~8Hz) —** 깊은 이완 상태나 얕은 수면, 혹은 깊은 명상 중에 나타나는 뇌파로, 감정 정화, 장기 기억 형성, 직관력 향상에 큰 역할을 합니다. 아이들이 하늘을 멍하니 바라보거나 흙을 만지며 놀 때 이 세타파가 활성화되며 뇌는 하루 동안 받은 정보를 통합하고 내면화하는 과정을 겪습니다.

- **감마파 (30~100Hz) –** 고도로 몰입할 때 등장하는 뇌파입니다. 알파파와 세타파의 농도가 높을수록 감마파 역시 활성화가 쉬워집니다.

반대로, 스마트폰은 뇌에 정반대의 자극을 줍니다. 스마트폰의 빠르고 끊임없는 정보는 뇌를 지속적인 베타파(14~30Hz) 상태로 몰아넣습니다. 베타파는 집중력과 문제 해결을 위해 필요한 뇌파지만, 과도하게 지속될 경우 뇌는 피로해지고, 긴장과 불안이 높아집니다. 성장기 아이들이 이 상태에 장시간 노출되면 주의력 결핍과 충동성, 창의력 저하, 정서 조절 능력 저하, 사회성 약화 등의 문제가 반드시 발생하게 됩니다.

멍청함이
드러나는 자세

　사람의 '멍청함'은 지능이 아니라 시야의 길이에서 드러납니다. 눈앞의 자극만 좇고, 장기적인 결과를 계산하지 못할 때 우리는 몸부터 멍청해집니다.

　아이들이 스마트폰을 보며 걷는 이유는 단순히 주의가 산만해서가 아닙니다. 그들의 일상이 하기 싫은 일로 꽉 차 있기 때문입니다. 학교, 학원, 숙제. 모두 의무의 연속입니다. 그 지루함 속에서 스마트폰은 유일한 구원처럼 다가옵니다. 그래서 길 위에서조차, 부모가 잠든 밤에도 그 작은 화면을 붙잡습니다. 그 시간만큼은 아무도 통제하지 않는, 유일한 자유이기 때문입니다.

　하지만 그 자유는 자유가 아니라 자기 소모의 시간입니다. 고개를 숙이는 순간, 목에는 30kg의 하중이 실립니다. 눈은 피로해지고, 척추는 휘어지며, 집중력은 무너집니다. 성장기 아이의 몸은 이렇게 조금씩 '멍청한 자세'로 굳어갑니다. 몸이 무너지면 아무리 뛰어난 두뇌도 제 기능을 발휘하지 못합니다. 한 번 망가진 자세는 성적보다 훨씬 복구하기 어렵습니다.

부모의 눈을 피해 밤늦게 스마트폰을 보는 것도 마찬가지입니다. 멜라토닌 분비가 억제되어 성장과 회복이 멈춥니다. 공부한답시고 깨어 있지만, 사실상 내일의 두뇌를 갉아먹는 행위입니다. 그건 공부가 아니라 미래의 나를 손해 보는 거래입니다.

문제는 이런 결과가 즉시 드러나지 않는다는 것입니다. 오늘은 멀쩡합니다. 내일도 괜찮습니다. 그러나 몇 달, 몇 년이 지나면 자세가 굽고, 집중이 흐트러지고, 의욕이 사라진 자신을 발견하게 됩니다.

지혜로운 사람은 눈앞의 재미보다 장기적인 멋을 선택합니다. 그 멋은 바로 자세에서 시작됩니다. 자세는 단순히 몸의 형태가 아니라, 삶을 대하는 태도입니다. 허리를 펴고, 시선을 들고, 깊게 호흡할 줄 아는 사람만이 세상에 휘둘리지 않고 자기 방향으로 걸어갈 수 있습니다.

아이들에게 알려줘야 합니다. 고개를 숙이고 화면을 보는 건 단순한 습관이 아니라 스스로를 작게 만드는 후진 행동이라는 것을. 그 반대로, 고개를 들고 세상을 바라보는 자세는 그 자체로 '깨어 있는 삶의 첫걸음'이라는 것을. 멍청함은 자세에서 시작되고, 지혜 또한 자세에서 시작됩니다. 아이에게 무엇을 보느냐보다 어떤 자세로 보느냐를 가르쳐야 합니다. 그 차이가 인생 전체의 방향을 바꿉니다.

5

정서적 고갈의 순간,
에너지 붕괴점

사람은 아프고 나서야 몸을 인식하게 되는데 이 원리는 정서적 영역에서도 그대로 적용됩니다. 정서가 건강할 때는 그것을 인식하지 못합니다. 그러나 한번 삐걱거리기 시작하면, 삶 전체가 흔들립니다. 특히 아이들은 아직 정서적 회복탄력성이 약한 상태라 정서 에너지가 고갈되는 순간은 곧 삶의 에너지 전체가 무너지는 순간으로 직결됩니다. 이를 '에너지 붕괴점(Emotional Collapse Point)'이라고 하는데, 오랜 시간 미디어 자극의 누적으로 인해 서서히 다가오게 됩니다.

자동차를 타기 전에 연료의 종류를 확인하는 건 기본이지요. 그런데 아이들에게 '달려라'라는 말만 하고, 정작 무슨 에너지로 달릴 수 있는지, 그 에너지는 지금 얼마만큼 남아 있는지 살펴보지 않습니다. **아이의 정서 상태, 에너지 잔량, 감정의 균형은 모든 활동의 바탕이며, 그것이 흔들리면 그 위에 쌓은 학원 스케줄, 성적표, 입시 전략은 한순간에 무의미해집니다.** 지금도 수많은 가정에서, 말도 없이 조용히 무너지는 정서가 있습니다. 갑자기 공부를 놓아버린 아이, 평소와 다른 말투로 대답하는 아이, 너무 일찍 어른처럼 체념해 버린 아이. 그리고 그런 아이 앞에서 "도대체 어디서부터 잘못된 걸까?"라며 혼란스러워하는 부모님. 알게 모르게, 너무나 많은 가정이 이 정서적 붕괴점을 지나고 있고 저희는 교육의 현장에서 너무나 많은 실제 사례를 목격하고 있습니다.

6

스마트폰이 바꿔놓은 정서의 생태계

아이들이 정서적으로 무너지게 되는 배경에는 성적이나 친구 관계만 있는 것이 아닙니다. 보이지 않지만 너무나 보편적인 원인은 스마트폰 중심의 생활 패턴에 있습니다. 살다 보면 감정이 상할 때가 있는 게 당연합니다. 감정이 상하는 게 문제가 아니라, 그걸 제대로 풀지 못하는 게 문제가 되지요. 그런데 아이들은 감정을 표현하는 대신 스마트폰의 빠른 자극으로 도피하며 잊으려고 할 때는 경우가 많습니다. 공허함이나 불안 그 자체는 나쁜 게 아닙니다. 이런 순간을 통해 인생에서 진짜 중요한 게 무엇인가, 나에게 진짜 중요한 사람은 누구인가를 깨닫게 되기도 하고 새로운 의미를 찾아 나서게 되기도 합니다. 하지만 스마트폰이라는 즉각 만족 시스템이 있으니 아이들은 **정서적 표현력, 감정 조절력, 자기 통찰 능력을 잃어가고, 결국 에너지의 기반이 무너져 내리게 됩니다. 마치 설탕 주머니를 들고 다니면서 수시로 퍼먹는 상태와 같습니다.** 호르몬 분비계가 망가져서 건강한 밥을 차려줘도 먹지 않고, 정신과 몸의 면역력은 엉망이 되는 거지요.

각 지역의 정신과는 몇 달 전부터 예약이 꽉 차 있는 상황인데 대기 명단의 상당수는 학생들과 학부모입니다. 입시 불안과 가정불화 등의 문제들이 있지만 더 깊이 들여다보면 스마트폰이 정서적 에너지의 결여라는 면에 큰 영향을 끼치고 있습니다. 부모들은 사춘기, 중2병이 문제라고 하지만 이건 '언제'의 문제가 아니라, '어떻게' 살아왔는가의 문제입니다. 미디어가 조절되고 일상화된 독서로 정서적 에너지가 확보된 자녀들의 사춘기는 다릅니다. 설령 문제가 발생한다고 해도 문제해결 자체가 의미 있는 과정이 되고 상대적으로 짧게 극복하게 되거든요. 아이들 안에 무엇이 더 바람직한가에 대한 내비게이션이 심겨 있기 때문입니다.

아이의 마음을 지켜주는 '평생 취미'의 힘

학교에서 아이들을 오래 지켜보며 1가지 안타까운 공통점을 발견했다. 중학교 때까지는 잘 준비해 오던 아이들이 고등학교에 올라오면서 갑자기 무너져버리는 것이다. 서울대라는 대학 그 자체가 목표였던 아이가 잠깐의 방심으로 0.5등급만 떨어져도 그다음부터 모든 것을 놓아버리는 일. 이유 없이 두통이나 복통을 호소하며 정신과 약을 먹기 시작하는 일. 벌써 10여 년 전부터, 한 반에 20% 정도는 정신과 약을 복용하고 있는 것이 현실이었다. 그때부터 나는 생각했다. **"아이들에게 가장 필요한 것은 적절한 휴식과 스트레스 해소의 기술이다."**

건강한 음식이 몸을 살리듯, **건강한 취미는 고등 시절의 흔들림을 견디게 해주는 힘**이라고 믿었다. 그래서 나는 국영수 사교육보다 운동과 음악에 시간을 더 많이 투자했다. 하루 3~4시간씩 피아노를 치며 스트레스를 풀고 나면, 똘망군은 저녁에 자연스럽게 책을 펼쳤다. 물론 이때 중요한 원칙이 하나 있었다. **집에 '책보다 더 재미있는 것'을 두지 않는 것.** 중학교 2학년까지 똘망군은 꾸준히 피아노를 다녔고, 모차르트·베토벤·쇼팽의 곡을 연주하며 힘든 마음을 음악에게 위로받았다. 똘망군에게 피아노가 그러했듯, 다른 아이에게는 농구일 수도, 축구일 수도, 바이올린일 수도 있다. 하지만 내가 가장 안타까워하는 현실이 있다. 대한민국의 부모들은 초등 고학년이 되면 아이들의 예체능을 하나씩 끊기 시작한다. 그리고 국영수만 남긴다. 그러면 아이가 '즐기는 단계'까지 가보지도 못한 채 평생 마음을 지켜줄 취미를 잃어버린다.

참으로 안타까운 일이 아닐 수 없다. 나는 믿는다. **아이에게 한두 가지 '평생 필살기 취미'를 선물하는 일은, 학창시절의 마음을 지키는 가장 확실한 방패다.** 그리고 성인이 된 이후에도 그 취미는 아이의 삶을 조용히 지탱해줄 것이다. 똘망군 역시 지금도 힘이 들 때면 피아노 앞에 앉아 마음을 고르고, 배드민턴·축구·야구를 하며 다시 에너지를 찾는다. **취미는 아이에게 가장 오래 남는 친구이자, 삶을 버티게 하는 조용한 근육이다.**

🔍

에나지의 꿀팁

"취미는 사치가 아니라 생존력이다."
국영수보다 먼저 챙겨야 하는 것은 **아이의 감정을 받아낼 안전지대**이다. 예체능은 '결과를 위한 학습'이 아니라 **아이의 정신 건강을 위한 근육 훈련**이다. 어떤 취미든 '즐기는 단계'까지 가야 평생의 위로 자산이 된다. 취미를 끊는 것이 아이를 위한 선택이 아니라, **위로받을 통로를 끊는 것임을 기억하라.**

7

공부를 인질 삼은
가짜 휴식

한나 그렌트는 '악의 평범성'을 말하면서 평범한 사람도 얼마든지 악한 짓을 저지를 수 있다고 했습니다. 악한 행동을 정당화하는 2가지 편리한 주문이 있지요.

첫째, 먹고 살려면 어쩔 수 없어.

둘째, 나만 이러는 거 아냐. 남들도 이렇게 해.

스마트폰에서도 비슷한 원리가 적용됩니다. 대부분의 부모들은 일단 스마트폰이 위험하다고 느끼고 있습니다. 그러다가도 초2-3, 늦으면 초5-6 즈음 아이들의 하소연에 마음이 약해집니다. 다른 아이들이 폰을 쓰니 사회성을 위해서도 필요할 거 같고요. 심지어 학교, 학원에서는 카카오톡으로 공지를 전달해서 스마트폰이 없는 경우 불편하기도 합니다.[3] 이런 상황

---

[3] 이런 경우 학교나 학원 선생님께 우리는 스마트폰을 쓰지 않으니 문자로 보내달라고 따로 부탁드려야 합니다. 서로 불편하긴 하지만 교육적인 차원에서는 당연히 필요한 조치입니다.

에서 초등학교 고학년이 되면 다니는 학원이 많아지는데, 이때 스마트폰의 주도권이 완전히 넘어가는 경우가 많습니다. **공부가 인질이 되었기 때문입니다.** 부모들은 아이가 열심히 공부하기를 바랍니다. **학원도 많고 숙제도 많은 상황에서 짤막짤막한 휴식 후 바로 다시 공부에 들어가는 구조를 좋아하는 거지요.** 이때 스마트폰은 자녀에게도, 부모에게도 가장 편리하고 간편한 도구가 됩니다. 말하자면 양측의 이해관계가 절묘하게 맞아떨어지는 것입니다. 악의 평범성 주문을 스마트폰 버전으로 바꾸면 이렇게 되겠지요.

첫째, 공부시키려면 어쩔 수 없어. (애들도 쉬긴 쉬어야 할 거 아냐.)
둘째, 다른 집들도 다 이렇게 해. 스마트폰 있어도 공부 잘할 애들은 잘하잖아.

이 방식에는 심각한 착각이 있습니다. 진짜 휴식과 가짜 휴식을 구분하지 못하는 거지요. 스마트폰이 있으면서도 공부를 잘하는 아이는, 단순히 스마트폰으로만 말할 수 없는 여러 변인을 가지고 있습니다. 어릴 적부터 책을 지속적으로 읽어왔거나, 인문학적 소양이 깊거나, 예체능에서 지속적인 에너지를 공급받고 있거나, 진로에 대한 목적의식, 또는 또래에 대한 경쟁의식이 뚜렷할 수 있지요. 또는 공부만 잘할 뿐 보이지 않는 여러 문제가 아직 드러나지 않은 상황일 수도 있습니다. 성적으로 스마트폰의 좋고 나쁨을 구분 짓는 건 너무나 단순한 이분법이고, 따라서 해롭습니다. 성경에는 '그 나무의 좋고 나쁨은 열매로 안다'는 구절이 있는데, 열매는 나무의 결과지요. 휴식 역시 그것이 가져오는 결과로 진짜 휴식인지, 가짜 휴식인지 구분할 수 있게 됩니다.

8

진짜 휴식과 가짜 휴식

모든 사람에게는 주 업무(main job)가 있습니다. 프로게이머에게는 게임이, 학교를 다닌다면 교과목 학습이 주 업무가 되겠지요. 주 업무에는 다음과 같은 역학이 있습니다.

1. 주 업무가 없는 사람, 즉 백수는 행복하기 어렵다.

2. 주 업무를 잘하려고 노력하지 않는 사람은 행복하기 어렵다. 바꾸어 말해서, 행복한 사람은 첫째, 주 업무에 대한 의미 부여와 자긍심이 있고 둘째, 시간이 지날수록 능숙해져서 효능감이 올라가는 사람이다.

3. 주 업무가 되기 전에는 매력적으로 보이던 일도, 정작 주 업무가 되면 달라진다. 행복한 사람조차도 주 업무에서 하기 싫은 순간이 있다. 이걸 극복하면 휴식이 더욱 행복해지고, 여기서 도피하면 가짜 휴식으로 빠지게 된다.

학교에 다니는 이상 해야 할 공부나 숙제가 발생하고, 이 main job을 외면할수록 아이들은 행복할 수 없게 됩니다. 그 불행감이 싫어서 더욱 가짜 행복, 가짜 휴식에 빠지게 되지요. 언뜻 보기에는 진짜 휴식과 크게 다를 게 없기 때문에 더 큰 문제가 됩니다.

좋은 휴식은 main job에 대한 에너지가 강해진다는 열매를 낳습니다. 반대로 가짜 휴식은 쉬면 쉴수록 main job을 피하고 싶어집니다. 이를 통찰에서는 (+)는 (+)를 낳고, (−)는 (−)를 낳는다고 합니다. 좋은 휴식은 계획적이지만 가짜 휴식은 충동적입니다. 똑같은 게임. 수면이라도 계획된 시간에 시작하고 끝낸다면 에너지를 낳을 수 있는 좋은 휴식이 될 수 있습니다. 하지만 충동적으로 시작하는 게임은 main job에 돌아가기 싫어지게 만들지요. 충동적인 놀이가 에너지를 고갈시키는 이유는 자기 자신의 모습이 스스로 마음에 들지 않기 때문에 그렇습니다. 반대로 진짜 휴식이 에너지를 주는 이유는 제대로 놀되 계획된 시간에 끝내는 자신의 모습이 스스로 멋있어서 그렇지요.

흐름이 좋은 사람은 자투리 시간을 활용해서 main job의 크기를 줄이는 성향이 있지만, 휴식은 반나절, 하루 단위의 큰 덩어리로 쉽니다. 덕분에 제대로 쉬었다는 느낌이 새로운 에너지를 낳지요. 흐름이 나쁜 사람은 반대입니다. 자투리 시간을 스마트폰을 보면서 보내고 main job은 크게 하려고 합니다. 자투리 시간은 짧게 마련이니 쉬었다는 느낌이 거의 들지 않고, 쉬는 걸 방해받았다는 느낌만 강해서 항상 욕구불만의 상태지요. 또 main job을 큰 시간으로 처리하려고 하니 시작이 어렵고 자꾸 미루게 됩니다. 이쯤 되면 스마트폰을 가까이하는 아이들이 왜 나쁜 휴식, 가짜 휴식의 흐름이 되는지 이해가 될 겁니다. 스마트폰은 자투리 시간을 활용하기 딱 알맞은 형태이기 때문이지요. 아이가 미디어를 꼭 봐야 한다면 스마트폰이 아니라 상대적으로 접근성이 떨어지는 컴퓨터를 활용하는 게 더 나은 이유입니다. 또한 영화를 볼 때도 쇼츠 등의 짤막한 재미(꿀잼)가 아니라 통으로 보게 하는 방식(통잼)이 좋은 이유도 되지요.

9

스마트폰 시대의 코페르니쿠스적 전환

부자와 가난한 사람의 차이라고 하면 돈을 떠올리겠지만, 그건 결과적인 이야기일 뿐입니다. 마르크스가 말했듯이 노동자 프롤레타리아와 부르주아 계층의 차이는 자본이 아니라 **생산 수단 보유 여부**였습니다. 1차 산업혁명 시대에는 토지가 생산 수단이었고, 2차 · 3차 산업혁명 시대에는 공장이 그 역할을 대신했습니다. 당연히 생산 수단을 가질 수 있는 사람은 소수였지요. 하지만 지금은 그렇지 않습니다. 4차 산업 시대를 살아가는 우리는 누구나 주머니 속에 스마트폰이라는 강력한 생산 도구를 지니고 있으니까요.

대량생산의 시대에는 미리 만들어진 ready-made 상품이 중심이었지만, 이제는 소비자의 경험과 취향을 고려하는 맞춤형 생산 custom-made이 중요해진 시대입니다. 예전에는 거대한 성공이 소수의 전유물이었다면 지금은 작은 단위의 성취가 더 많은 이들에게 열려 있는 시대라고 할 수 있습니다. 자신이 잘 아는 지역, 세대, 소비자층을 공략할수록 작지만 탄탄한 입지를 다질 수 있게 됩니다.

문제는 **스마트폰을 자주 쓴다고 해서 '잘 활용'할 수 있게 되는 것은 아니라는 점**입니다. 아이들이 스마트폰을 사용할 때는 대부분 재미있는 콘텐츠 소비에 집중합니다. 이 콘텐츠들은 가능한 한 사용자의 시간을 오래 붙잡기 위해 직관적으로 설계되어 있기 때문에, 복잡한 조작이나 깊은 사고를 요구하지 않습니다. 결국 아이들은 아주 기초적인 터치 정도만 익히게 되고, **무언가를 만들어내는 방식에는 매우 서툰 상태로** 남게 됩니다.

"어릴 때부터 스크린 노출을 최소화해야 한다"는 건 무조건 사용을 막는다는 뜻이 아닙니다. **미디어를 풍성한 생산의 도구로 삼기 위해 소비에만 치우친 사용을 절제한다는 뜻입니다.** 미디어 기기를 통해 창작하고 표현하는 방식을 배우고 생산의 즐거움을 느끼게 하는 것이야말로 교육적 의미가 있습니다.

겉으로 보기에는 큰 차이가 없어 보일 수도 있습니다. 스마트폰을 붙들고 있는 시간이 소비를 위한 것이든 생산을 위한 것이든, 결국 똑같이 '화면을 보고 있는 모습'일 수 있으니까요. 그러나 본질은 전혀 다릅니다. **방향이 달라지면 모든 것이 달라집니다.** 언어 학습에 비유하면, 영어 독해를 아무리 많이 연습해도 그것만으로는 영어 말하기가 잘 늘지 않는 원리와 같습니다. 영어 → 한국어가 아니라 한국어 → 영어로 사고의 방향을 전환하지 않는 한, 즉 **생산의 방향**으로 전환하지 않는 한, 말하기 능력은 열리지 않게 됩니다.

따라서 중요한 것은 스마트폰을 무조건 금지하거나 무조건 장려하는 태도가 아닙니다. 핵심은 **스마트폰을 소비의 도구로만 바라보는 시각을 넘어, 생산 수단으로 인식하는 감각을 기르는 것**입니다. 미디어 절제가 어느 정도 안정되고 에너지가 확보되었을 때, 컴퓨터 프로그래밍이나 코딩 등을 통해 디지털 리터러시를 길러주는 등의 방식이 좋습니다. AI가 발전하면서 코딩을 배울 필요가 없다고 말하는 사람들이 있는데, AI를 활용하기 위해 그 원리를 아는 것은 여전히 중요할 것입니다. 마치 우리가 계산기가 있어도 수학의 기본 원리를 배우는 것과 비슷하다고 볼 수 있겠지요. AI가 코드를 짜주더라도 어떤 원리로 작동하는지 이해하고 AI에게 정확한 지시를 내리려면 프로그래밍의 기본 개념, 즉 컴퓨팅 사고력(Computational Thinking)이 더욱 중요해집니다. 따라서 스마트폰은 소모적인 사용이 아니라 창조와 표현의 장으로 활용되어야 하고, 따라서 최대한 사용 시기를 늦추면서 책 읽기와 인문학적 토론 등으로 사고의 근육을 길러준 다음에 생산의 재미와 함께 사용하게 해주는 게 좋습니다.

코페르니쿠스적 전환은 거대한 것이 아니라 일상 속 작은 선택에서 시작됩니다. 같은 도구를 손에 쥐고도 소비자가 될 것인지, 생산자가 될 것인지는 각자의 방향 전환에 달려 있습니다. 그 순간 세계는 달라지고, 가능성의 지도가 새롭게 펼쳐집니다.

대학 중심을 넘어
생산 중심으로

아이들이 스마트 기기를 생산의 도구로 활용하지 못하게 되는 이유 중 하나는 '대학 중심적 사고'가 있습니다. 지금은 배우고자 하는 마음만 있다면, 어디서든 배울 수 있는 시대입니다. 유튜브, 온라인 강의, 오픈 클래스 등 수많은 경로를 통해 아이들은 스스로 관심 있는 분야를 탐구하고, 새로운 것을 만들어낼 수 있습니다. 하지만 『호시탐탐 내 아이 진로 찾기』에서도 말씀드렸듯이, 우리는 여전히 '아이의 진로'보다 '대학 진학'을 먼저 생각합니다. 입시 체계가 학습의 중심이 되는 순간, 교육의 방향은 곧바로 수학·영어·국어 같은 점수 과목으로 쏠립니다. 그 결과, 생산의 불씨는 "지금은 그럴 때가 아니야"라는 한마디에 쉽게 꺼져버립니다. 코딩을 배우던 손이 멈추고, 영상 편집을 시도하던 눈빛이 흐려집니다. 자신의 세계를 탐구하던 아이는 '입시에 도움이 되지 않는다'는 이유로 모든 것을 중단하게 됩니다. 그렇게 아이는 수동적으로 에너지를 잃는데, 그 모든 과정을 부모가 주도하고 있다는 사실이 아이러니지요.

절제가 디지털 역량을 키운다

우리 집은 앞에서도 말했듯이 **인터넷이 되지 않는 집**이었다. 유일하게 무제한 요금제를 가지고 있던 엄마가 집에 도착해야만 핫스팟을 사용할 수 있었고, 거실 한가운데 있는 컴퓨터도 아이가 요청할 때에만 핫스팟을 연결해 주는 방식으로 사용했다. 하지만 그렇다고 해서 디지털 교육을 소홀히 한 것은 아니었다. 오히려 **컴퓨터 활용 능력은 반드시 갖춰야 할 언어**라고 생각했다. 그래서 똘망군은 초등 저학년 때부터 기초 컴퓨터 활용을 차근차근 배우기 시작했다.

로봇을 오래 배운 덕에 자연스럽게 코딩도 익혔고, 당시 상당히 고가였던 3D프린터를 구매해서 아이가 직접 프로그램을 열어 설계도를 만들고 출력하는 경험을 가능하게 했다. 또한 스스로의 결과물을 기록하고 전달할 수 있도록 블로그도 운영하게 했다. 우리는 이것을 단순한 활동이 아니라 세상과 소통하는 '언어'를 익히는 과정이라고 여겼다. 핵심은 이 모든 컴퓨터 활동을 **무방비 상태로 열어주지 않았다는 점**이다. 주말에 정해진 시간 동안만 인터넷을 연결해 주고, 그 시간 안에서 아이가 하고 싶은 것들을 하도록 했다. 그 제한된 환경 속에서 똘망군은 필요한 프로그램을 스스로 찾아 사용했고, 3D프린터로 시제품을 만들고 특허를 출원하는 경험을 했으며, SNS를 통해 자신을 브랜딩하는 법까지

배웠다.

소비자로만 인터넷을 쓰는 아이와 생산자의 관점으로 디지털을 활용하는 아이는 삶의 태도 자체가 다르다. 그리고 더 중요한 사실은 **인터넷을 자유롭게 쓴다고 해서 컴퓨터 활용 능력이 저절로 자라지 않는다는 것이다.** 오히려 제한된 환경에서 단단한 목적과 필요에 의해 컴퓨터를 사용한 아이가 훨씬 깊고 정확하게 디지털 역량을 키운다. 절제가 역량을 방해하는 것이 아니라, **역량을 더 강하게 만들어준다는 사실을 명심해야 한다.**

🔍

에나지의 꿀팁

"디지털 역량은 '사용량'이 아니라 '사용 목적'에서 자란다."
인터넷은 **무제한 개방이 아니라 필요 기반 개방**이 효과적이다. 디지털은 소비보다 생산이 더 큰 힘을 만든다. SNS· 코딩 · 3D프린터 등은 놀이가 아니라 **미래 언어**다. 절제는 아이의 집중도를 높이고, 기술을 **도구로 다루는 힘**을 길러준다.

10

관객으로 남을 것인가,
선수로 설 것인가

스크린 세대의 약점 중 하나는 스스로 무대에 오르기보다, 안전하게 관객석에 앉아 있으려는 태도입니다. 스마트폰이라는 스크린은 내 얼굴을 숨기고 남을 지켜보고 평가하기에 최적화된 도구지요. 상대는 드러나 있고, 나는 가려져 있는 비대칭 구조가 너무 익숙해진 탓에, 악성 댓글 문화가 쉽게 사라지지 않는 것도 당연한 일입니다.

이 세대는 남들이 힘겹게 만들어낸 결과물을 감상하고 평가하는 데에는 능숙합니다. 하지만 스스로 땀 흘려 무언가를 만들어내고, 그 결과에 책임지는 경험은 부족합니다. 마치 야구장에서 관객은 선수들을 비웃거나 비난할 수 있지만, 선수는 관객에게 맞받아칠 수 없는 것과 같습니다. 그러나 중요한 것은, 그 경기를 통해 얻는 것이 훨씬 많은 사람은 언제나 관객이 아니라 선수라는 사실입니다. 선수는 실수를 하든 비난을 받든 그 과정에서 연봉을 받고, 경력을 쌓고, 경험과 교훈을 얻습니다. 선수를 비난하는 관객은 1가지 잊은 게 있습니다. 스스로도 인생의 어느 순간에는 반드시 '선수'로 서야 한다는 것이지요. 치킨집을 하든, 회사에 다니든, 혹은 가정을 꾸리든, 우리는 결국 누군가의 고객과 동료, 그리고 배우자를 상대해야 하는 선수입니다. 선수는 자신이 속한 자리에서 책임을 지고 결과를 만들어내야 하기에 관객처럼 투덜대기만 할 수 없습니다.

하지만 어릴 때부터 스크린 뒤에서 관객으로만 살아온 사람들은 이 준비가 되어 있지 않습니다. 막상 사회라는 무대에 서게 되었을 때, 자신에게 쏟아지는 평가와 비난을 견디지 못합니다. 몇 달 버티지 못하고 회사를 떠나거나, 스스로는 준비되지 않았으면서도 상대에게는 높은 조건만을 요구하다가 결국 결혼조차 멀어지는 현실이 그 증거입니다.

반대로, 흐름 좋은 삶을 사는 사람들의 공통점은 분명합니다. **낮은 자리에서부터 선수로 뛰며 하나씩 고생을 통해 쌓아 올린 사람들**입니다. 행복한 결혼 역시 마찬가지입니다. 좋은 조건의 상대를 단숨에 만나는 것이 아니라, 잠재력을 가진 사람과 함께 낮은 자리에서부터 만들어 나가는 과정 그 자체가 행복의 비밀입니다.

관객의 자리에서 내려와야 합니다. 아이뿐 아니라 부모도 마찬가지입니다. 비난하고 평가만 하는 위치에서 벗어나, 직접 무대 위에 올라서는 용기를 가져야 합니다. 물론 거기에는 실패도, 고통도, 땀도 따르겠지요. 그러나 그 길 끝에서만 우리는 성장과 성취, 그리고 진짜 행복을 얻게 됩니다.

스마트폰은 당신을 관객석에 붙들어 두려 합니다. 그러나 삶은 관객이 아니라 선수를 위한 경기입니다. 이제 스스로의 자리를 선택해야 합니다. **끝까지 관객으로 남을 것인가, 아니면 무대에 올라 진짜 삶을 살아갈 것인가.**

친근한 중독,
게임인가 도박인가

스마트폰 속 게임은 '디지털 도박'이라는 말이 과하지 않을 만큼 강력한 중독 구조를 갖고 있습니다. 화면상으로는 아기자기한 아이들용 게임이지만, 심리적 작동 원리, 보상의 메커니즘, 그리고 반복을 유도하는 설계는 도박과 놀라울 정도로 닮아 있고 실제로 도박에 빠지는 안내인이 됩니다. 랜덤박스, 확률형 아이템 또는 돈으로 살 수 있는 강력한 아이템, 실시간 랭킹, 경쟁 구조, "한 번만 더 하면 이길 수 있을 것 같아"라는 생각의 반복, 승패에 따른 감정 기복과 보상 시스템의 반복적 자극 등, 아이들은 게임을 하지만 뇌는 도박적 쾌감 회로를 학습하고 있는 것입니다. 불법 도박 사이트들도 이 점을 너무나 잘 알고 있습니다. **게임과 외형이 유사한 사이트를 만들어 진입 장벽을 없애고, 아이가 "이게 뭐가 문제야?"라고 느끼도록 설계합니다.** 돈이 걸리게 되는 순간, 아이의 뇌는 더 강하게 자극을 받습니다. 처음에는 소액이지만, 점점 금액이 올라가고, 한 번 잃은 돈을 되찾으려는 심리가 '손실 회피'라는 도박 심리의 핵심 구조를 형성하게 됩니다. **뇌가 가진 가장 무서운 속성은 한 번 느낀 강렬한 쾌감을 절대로**

 그 쾌감이 크면 클수록, 아무리 끊었다 해도 방심하는 순간 다시 그 감정이 호출됩니다. 담배, 술, 마약, 도박 중독의 공통점이 여기에 있습니다. 우리는 그 끊임없는 재시작의 실패담을 수없이 들어왔습니다. 그런데 지금 우리 아이들의 뇌가, 아직 형성 중인 그 뇌가, 바로 이 위험한 중독 회로를 빠르게 학습하고 있는 셈입니다. 중1, 이르면 초등학생 때부터 이런 도박을 하는 아이들이 이미 많습니다.

무료 영화나 드라마를 볼 수 있는 소위 어둠의 경로들, 아이들이 검색만 조금 해보면 쉽게 도달할 수 있는 그곳에는 도박 배너와 불법 스포츠 토토 광고가 도배되어 있습니다. 게임이나 스포츠를 매개로 한 광고들이 '더 짜릿한 게임'의 이미지로 접근합니다. **이미 빠져든 아이들 중 일부는 주변 친구들을 끌어들이고, 그 보상으로 게임머니, 아이템, 현금 등을 받기도 합니다.** 그러고서 다시 도박으로 잃지요. 이건 게임이 아니라 우리 아이의 뇌와 인생을 미끼 삼은 매우 정교한 함정입니다. 이걸 제대로 인식한다면 그렇게 쉽게, 그렇게 무방비하게 스마트폰을 아이 손에 쥐여주지는 못할 것입니다.

이런 도박성에 취약한 건 어른도 마찬가지입니다. 실제로 군대에서 스마트폰을 허용하기 시작한 이후로 사병 간 갈등이 줄어들고 심리적 안정을 찾는 데 도움이 되었다는 장점의 이면에는 불법 도박의 급증이라는 위험이 있습니다. 5년간 2,000여 명이 판돈 1,000억 원을 썼다는 보고도 있을 정도니[4], 멀쩡한 사람이 군대 갔다가 도박 중독자가 될 위기입니다. 하지만 어떤 사람들은 이런 위험에 전혀 중독되지 않고 스마트폰을 도구로만 활용합니다. 이는 올바른 가치관이 제대로 형성되어 있기 때문입니다. 아이들도 내면의 힘이 확립된 후에야 폰이 허용되어야 합니다. 어릴 때부터 인생 전체를 염두에 둔 인문학적 소양이 쌓여야 하는 이유입니다.

---

4 「군 병사들의 스마트폰 과의존이 심리적 복지감에 미치는 영향(Effects of Overdependence on Smartphones by Military Soldiers on Psychological Welfare)」, 김기원

12

비틀어진 관계,
비틀어진 성

아이들은 게임 중심의 콘텐츠 못지않게 관계 지향적인 SNS에 집중하는 경향을 보입니다. 수시로 울리는 알림이 집중을 방해하고, 자신의 말이나 게시글에 반응이 적으면 자존감이 극 하락하는 현상은 이미 잘 알려진 사실들입니다. 별생각 없이 나눈 이야기들이 기록이 남고, 유출돼서 학교 폭력으로 이어져 매우 골치 아픈 상황이 되기도 합니다. 실제로 초·중학교에서는 단체 SNS 사용을 금지한 사례가 점점 늘고 있습니다.

또한 성적인 목적으로 스마트폰을 이용하는 학생들도 나날이 늘어가고 있습니다. 단순히 성인 영상을 보는 수준을 넘어, **모르는 사람과의 랜덤 관계를 통해 더 강렬한 자극을 추구하기도 합니다.** 초등학생과 중학생조차 예외가 아니며, 상대의 이미지를 불법적으로 유포하는 경우의 70%가 10대 미성년자입니다. AI 기술이 발전하면서 딥페이크, 불법 촬영물, 비동의 사진·영상은 순식간에 만들어지고 퍼져나가고 있습니다. 하지만 아이들은 온라인상의 행위를 실제보다 가볍게 여기며, 결국 이후에 통신매체이용음란죄로 성범죄 전과자가 되는 사례도 적지 않습니다.

유튜브가 전통 방송을 제치고 주도권을 잡은 이유는 '개인의 생생한 다양성'에 있습니다. 시청자들은 대규모 제작사의 완벽한 영상보다 일반인의 일상적인 영상에서 더 큰 매력을 느낍니다. 이 원리는 성적 콘텐츠에도 똑같이 적용됩니다. 예전에는 성인 영상 제작사가 중심이었지만, 이제는 일반인이 직접 찍어 올린 영상이 더 큰 호응을 얻고 있습니다. 우리나라에서는 음란물 유포가 불법임에도 불구하고, 여전히 음성적으로 거대한 시장이 존재합니다. 더 심각한 문제는 이 모든 과정에서 '범죄'라는 감각이 점점 희미해지고 있다는 점입니다. 어릴 때부터 스마트폰 중심으로 살아온 아이들은 이런 부분에 대한 조심성이 부족해집니다. 연인 간에 '추억'이라며 촬영한 영상이, 관계가 틀어진 뒤 협박이나 대중 노출로 이어지는 사건도 끊이지 않습니다.

미셸 푸코는 감시의 내면화를 이야기했습니다. 사람들은 외부의 강압 없이도 스스로를 통제하지만, 스마트폰 시대의 아이들은 전혀 다른 방식으로 감시를 경험합니다. 그들은 외부의 시선을 두려워하기보다 오히려 스스로 시선을 구합니다. 시선을 모으면 돈이 된다는 사실을, 그리고 성적인 콘텐츠에서는 나이가 어리고 대담할수록 더 많은 관심을 끌 수 있다는 사실을 너무나 빨리 깨닫습니다. 어떤 아이들은 돈을 위해, 또 어떤 아이들은 현실에서 얻지 못한 관심을 위해 자발적으로 성적 콘텐츠를 생산하고 소비합니다.

여기에 한국 아이들의 특수한 현실이 더해집니다. 우리나라 아이들은 또래의 해외 아이들에 비해 하기 싫은데 해야 하는 활동의 비율이 압도적으로 많습니다. 학습에 대한 의미 부여가 부족한 채 무조건적인 학업 강요를 받으며, 진짜 쉼이 아닌 짤막한 '가짜 휴식' 속에서 버텨갑니다. 이런 단편적 휴식은 오히려 더 큰 자극을 향한 저항력을 약화시킵니다. 싫은 것을 밀어붙이는 부모에 대한 반항심에서 더욱 이런 자극을 추구하게 되기도 합니다. 합법적인 콘텐츠보다 비합법적인 콘텐츠가 자극적이고 짜릿하게 느껴지는 건 당연한 구조입니다. 따라서 아이들은 온라인 도박뿐 아니라 성적 관계의 자극으로도 쉽게 끌려갑니다.

특히 온라인은 모르는 사람과 쉽게 연결되는 공간입니다. 각종 앱은 이러한 연결을 더욱 부추기고, 그 속에서 자극성은 점점 강화됩니다. 단순한 성적 호기심을 넘어, 더 자극적이기 위해 정상적 성관계가 아니라 가학적이고 변태적인 양상(ex. 주인과 노예 역할)을 띠는 경우가 많습니다. 욕설을 하면서 모욕적인 지시를 하고 그에 따릅니다. 가뜩이나 자기 효능감이 부족한 우리의 문화 속에서, 아이들은 자신을 막 대하고 학대하면서 자극을 느끼기도 합니다. 일상에서도 이상하게 나쁜 사람을 만나서 불행해지는 패턴을 가진 사람이 있는데, 이런 경우 내적 외로움 때문인 경우가 많습니다. 심리학적으로 보면 **외로움은 자극이 부족한 상태이기 때문에, 상대적으로 나쁜 사람의 행동이 더 자극적으로 느껴지는 것**이지요. 스마트폰으로 인해 가족과 소통이 부족하고 친구들 사이에서 뒷담화하기 딱 좋은 환경인 지금은 **아이들이 낯선 나쁜 사람에게 노출될 가능성이 엄청나**

게 커진 상태입니다. 건강한 자극이 없으니 나쁜 자극에 휘둘리는 이치입니다. 한때 사회를 뒤흔들었던 n번방 사건은 이제 시작에 불과합니다. AI의 발전과 함께 이러한 양상은 더욱 다채롭고 교묘하게 변할 것입니다. 이런 콘텐츠에 노출된 아이들은 정상적이고 소중한 이성 교제가 갈수록 멀어질 수밖에 없습니다.

일부 아이들은 라이브 방송에서 살짝 노출만 해도 엄청난 시청자가 몰려드는 경험을 합니다. 심지어 독서실에서 공부한답시고 책을 펴놓은 채, 개인 방송을 켜놓고 신체 부위를 드러내면서 수익을 올리는 학생들도 있습니다. 신상이 드러나지 않으니 안전하다고 믿지만, 결국 도박중독처럼 두뇌의 보상 체계를 무너뜨리게 됩니다. 이런 방식으로 돈을 벌거나 관심을 얻은 경험은 정상적인 노동을 거의 불가능하게 만들고, 더 큰 자극과 더 불법적인 방식을 추구하게 합니다. 낯선 사람과의 실제 만남, 성적 거래로 이어지는 경우도 결코 드물지 않습니다. 어릴 때부터 안전한 환경에서 자라온 아이들은 그게 얼마나 위험한 상황인지를 느끼지 못합니다.

이런 과정의 밑에는 "그래도 돈을 벌 수 있지 않나"라는 자본주의 논리가 깔려 있습니다. 쉽게 번 돈은 쉽게 사라지고, 고생하며 돈을 버는 과정에서 길러지는 자기 통제력과 분별력에서 행복한 부가 창출된다는 걸 가르치지 못한 결과입니다. 설령 이런 방식으로 높은 수익을 올렸더라도 그 흐름은 금방 끊깁니다. 신선한 자극을 좇는 대중의 특성상 한 번 얻은 관심이 오래가기는 어렵습니다. 꾸준히 자기 변신을 준비하는 연예인과 달리, 어둠의 콘텐츠에서는 지속 가능성이 애초에 거의 없습니다. 결국 아이들은 일상의 어려움을 감당하기 싫어하는 상태에서 자극적 소비와 중독만 남게 되고, 더 깊은 범죄의 늪으로 빠져듭니다.

길거리를 걸을 때 교통사고를 완전히 피할 수는 없습니다. 그러나 그렇다고 안전 교육을 포기하지는 않습니다. 마찬가지로, 스마트폰을 통한 디지털 사고 역시 완벽히 차단할 수는 없지만, 예방 교육은 반드시 필요합니다. 지금 우리는 아이들을 너무 쉽게 방치하고 있습니다. 스마트폰의 위험성은 위법의 경계선을 게임처럼 가볍게 넘나드는 심리적 구조에 있습니다. 이 경계가 무너지는 순간, 아이들의 순수함과 미래는 지켜내기 어렵습니다.

13

왜곡된 세상의 창,
커뮤니티

아이들이 성장하면서 자주 찾는 커뮤니티가 생깁니다. 그곳에는 나와 비슷한 상황, 비슷한 생각을 가진 사람들이 모여 있고, 따라서 묘한 소속감과 재미를 줍니다. 그렇게 자주 드나들게 되는 그 공간이 세상을 바라보는 눈이 됩니다. 문제는 대부분의 커뮤니티가 성별, 정치 성향, 관심사를 가르는 역할을 한다는 것입니다. 예컨대 남초 커뮤니티는 여성 혐오적 발언이나 엽기적 발상, 여초 커뮤니티는 외모 지상주의, 소비 비교, 정치 커뮤니티는 극단적인 진영 논리와 기성세대에 대한 혐오의 언어가 강하게 나타나게 됩니다. 그 결과 '다른 주파수'를 가진 상대에 대해 무조건적인 반감과 논리가 아닌 혐오 감정 기반의 사고방식이 형성됩니다. 서로를 이해의 대상이 아니라 제거의 대상으로 인식하게 되는 것입니다.

커뮤니티는 현실과 다릅니다. 현실에서 조용한 사람들, 목소리를 내지 못하던 이들이 온라인 공간에서는 대담한 자아실현을 합니다. 반대로 현실에서 활발하고 다층적인 인간관계를 맺는 사람들은 커뮤니티에서는 눈

팅만 하거나 아예 참여하지 않습니다. 그렇기에 커뮤니티 속 논쟁, 유행, 가치관은 현실과 상당한 간극을 가진 왜곡된 세계입니다. 더욱이 클릭 수와 반응 수에 따라 콘텐츠가 부상하는 구조는, 더 자극적이고, 더 엽기적이고, 더 공격적인 게시물을 상위에 올립니다. "잘생긴 게 최고다", "이쁜 게 최고다", "결국 돈이다", "능력 없는 건 죄다" 이런 단순하고 1차원적인 문장들이 가장 큰 공감을 얻는 구조가 됩니다. 심지어 "오늘 ○○에 폭탄 설치했다" 식의 테러 경고가 끊이지 않는 이유도 관심을 끌기 위해서입니다. 그 결과 전과가 생기거나 큰 액수를 보상해야 하는 결과가 따라오는데도 말이지요. 복잡한 인간과 삶에 대한 성찰은 묻히고, 눈앞의 자극과 비교가 주된 콘텐츠가 됩니다. 아이들이 하루 수십 분, 많게는 수 시간씩 이런 커뮤니티에서 보고 듣고 참여한다면, 그들의 '현실 감각'은 점점 왜곡되기 시작합니다. 더 큰 문제는, 그 왜곡된 현실을 비판 없이 흡수한 채 살아가게 된다는 점입니다.

14

공명과 주파수
어떤 사람과 울릴 것인가

공명은 주파수가 같은 두 대상이 서로 영향을 주고받으며 진동하는 현상입니다. 사람 간에도 주파수와 공명의 원리가 작용합니다. 우리 아이가 좋은 사람들과 공명하기를 바란다면, 그 아이 안에 수준 높은 고유 주파수가 형성되어 있어야 합니다. 즉, 내면이 튼튼한 아이만이 혼란스러운 세상 속에서 좋은 사람, 좋은 콘텐츠, 좋은 문화와 공명할 수 있습니다. 그 주파수는 교양, 정서, 사고력, 감성의 깊이 등에서 만들어집니다. 결국 아이에게 '무엇을 보게 할 것인가'보다 중요한 것은, '어떤 내면으로 세상을 보게 할 것인가'입니다. **어릴 때부터 아이들의 디지털 환경을 조절하고, 교양적 콘텐츠, 대화, 문화, 독서, 예술을 접하게 하는 일은 아이의 현실 감각과 세계 인식을 지키는 최소한의 방어막입니다.** 공부의 방향, 지식의 가치, 인생의 기준을 결정하는 건 결국 아이 안에 어떤 주파수가 흐르고 있느냐에 달려 있습니다.

감정 조절 능력 파괴

스마트폰과 태블릿은 아이의 울음을 잠재우는 '디지털 항우울제'가 되어 버렸습니다. 이런 방식이 당장은 아이를 조용해지게 하지만, 장기적으로는 정서 발달을 심각하게 해치는 결과를 낳습니다. 최근 국제 연구들은 이런 문제를 잘 보여주고 있습니다. 화면을 통해 감정을 억누르는 습관이 어릴 때부터 자리 잡으면, 아이는 '참는 법'이 아니라 '피하는 법'을 배우게 됩니다. 이는 감정 조절 능력의 근본적인 성장을 막고, 청소년기에 들어 분노 조절 장애나 충동적 행동으로 이어질 위험을 크게 높이게 됩니다. 화면이 잠시의 울음을 멈추게 할 수는 있어도, 아이 마음의 상처와 혼란을 다스려주지는 못합니다. 오히려 감정을 직면하고 다루는 능력을 앗아감으로써, 성장이 필요한 가장 중요한 순간에 아이를 더 연약하게 만들 뿐입니다.

뇌 발달에 미치는 악영향

미국 소아과학회(AAP)는 2세 미만 유아는 스크린 노출을 아예 하지 말 것, 그리고 모든 아동에게 가능한 한 적은 노출을 권고합니다. 이 시기의 뇌는 감각 자극과 사람 간의 상호작용을 통해 급속도로 성장하는데, 영상은 오직 일방향 자극만을 제공하기 때문입니다. 아이는 말을 하고, 움직이며, 사람과 부딪히고 반응을 주고받는 과정에서 사고력과 언어, 감정을 키웁니다. 그러나 영상은 빠르게 바뀌는 색과 소리, 캐릭터의 행동에만 몰두하게 만들고, 이는 주의력 결핍(ADHD)이나 언어 발달 지연으로 이어질 수 있다는 연구 결과도 다수 존재합니다.

부모-자녀 '시선의 단절'

아이는 짧은 시간이라도 부모의 얼굴을 보고 반응을 확인하며 '애착'을 형성합니다. 하지만 그 시간에 아이가 화면을 보고 있다면, 그 순간은 애착 형성의 기회를 놓치게 됩니다. 스마트폰에 집중한 아이는 부모의 미소, 말투, 눈빛을 기억하지 못합니다. 그리고 그 결핍은 정서적 안정감 부족으로 이어지며, 사회성 발달에도 장기적인 부정적 영향을 미칩니다. 모든 부모는 아이의 눈동자를 마주치는 그 절대적인 시간이 줄어드는 게 얼마나 아까운지 생각해 봐야 합니다. 아이는 눈을 통해 사랑을 배우고, 시선을 통해 언어를 익히며, 표정을 통해 감정을 느끼고, 말을 통해 세상을 이해해 갑니다. 이 모든 것이 화면 속 영상으로 대체된다면, 아이가 잃는 것은 단지 몇 분의 시간이 아니라 사람과 연결되는 법을 배우는 기회 전체입니다.

건강한 자극을 고르는 집

우리는 장난감 하나를 살 때도 늘 신중했다. 가능한 한 아이에게 좋은 자극을 주고 싶었기 때문이다. 그 시절 많은 집에서 유행하던 장난감 대신 우리 집에는 보드게임이 하나둘 늘어갔다. 주말이면 온 가족이 보드게임을 하며 시간을 보냈고, 그 시간은 경쟁보다는 대화와 웃음으로 채워졌다. 레고는 똘망군의 가장 친한 친구였다. 시간 날 때마다 레고를 만들었고, 어느새 새벽 1시, 2시가 되어도 몰입해 있는 날도 적지 않았다. 처음에는 설명서를 따라 만들던 레고가 초등학교 3학년이 지나면서부터는 머릿속에 있는 상상을 하나씩 구현하는 작품으로 바뀌었다. 무기에 관심이 많았던 아이는 육·해·공군을 모두 레고로 만들어냈다. 이때 우리가 지킨 1가지 원칙이 있다. 이 모든 것은 아이의 작품이라는 것. 그래서 거실 한편에 작은 전시장을 만들어주었다. 우리는 만들기 키트와 과학 실험 키트도 매달 몇 개씩 꾸준히 구입했다. 대단한 실험이 아니어도 괜찮았다. 고무줄과 전구로 회로를 만들고, 화산 실험을 하고, 간단한 구조물을 조립하는 정도면 충분했다. 중요한 것은 결과가 아니라 '직접 해보는 경험'이었다.

도화지도 늘 거실에 있었다. 주말 아침이면 아빠와 나란히 앉아 그림을 그렸고, 보고 그대로 그리는 것을 좋아해 도화지와 색연필은 늘 손 닿는 곳에 놓여 있었다. 어느 날은 아이가 나뭇잎을 하나 가져오며 "이걸 자세히 보고 싶다"고 말했다. 그 말에 현미경을 사주었고, 똘망군은 심심할 때마다 다양한 프레파라트를 올려다보며 세상을 신기한 눈으로 관찰했다. 이렇게 지내다 보니 알게 되었다. 아이들에게는 이미 세상의 모든 것이 충분히 신기하다는 사실을. 그래서 더더욱 안타깝다. 스마트폰이라는 하나의 강한 자극 때문에 아이들이 이 많은 경험의 기회를 너무 쉽게 놓치고 있는 현실이.

에나지의 꿀팁

건강한 자극은 준비하는 것이다. 자극을 없애려 하지 말고, 대체하라. 스마트폰을 빼는 것보다 손이 먼저 가는 보드게임·레고·키트를 준비하는 것이 효과적이다. 만들기·과학 키트는 책과 연계시켜라. 키트를 만들기 전에 관련 과학책을 읽히고 만들고 나서는 좀 더 심도 있는 영상이나 책과 연결시켜라. 아이의 산출물을 평가하지 말고 전시하라. 인정받는 경험은 놀이를 창작으로 바꾸는 힘이 된다.

5

평화를
원한다면
전쟁을
준비하라

1

첫 번째 집과 두 번째 집

모든 사람은 두 개의 집을 갖게 됩니다. 하나는 내가 태어난 집이고, 두 번째는 첫 집을 떠나 독립해서 만들어갈 집입니다. 첫 번째 집은 내 맘대로 바꿀 수 없습니다. 선택의 여지 없이 태어났고, 부모님의 재정 상황, 아비투스가 녹아들어 있는 곳이지요. 하지만 두 번째 집은 내가 선택하고 만들 수 있습니다. 첫째 집에서 느꼈던 아쉬움을 반면교사 삼아서 더 좋은 공간으로 꾸며갈 수 있고, 이것이 바로 정반합의 과정일 것입니다. 하지만 이런 경우는 소수고, 대부분 부모님의 아비투스를 그대로 물려받아 재생산하게 됩니다. 더 심한 경우는 두 번째 집을 만들 능력을 '도둑맞고' 나이 든 이후에도 부모님께 의존하면서 서로 좋지 않은 감정으로 살게 되기도 합니다.

어릴 때부터 저희 집은 대화가 적었습니다. 밥을 먹을 때면 다들 조용하고 TV만 시끄러웠지요. 이건 좀 아니지 않나, 이런 생각을 자주 했던 거 같습니다. 그러다가 결혼을 계기로, 그동안 생각만 해왔던 행동을 실행에

옮길 수 있게 되었습니다. TV를 없앤 거죠. 한동안 금단 증상처럼 안절부절못하다가, 어느 순간 조용해진 집안 분위기가 익숙해졌습니다. 책 읽기와 대화도 많아지고, 그렇게 7년여를 지냈지요. 그런데 TV가 없어서인지, 어느 날 인터넷과 스마트폰을 더 많이 들여다보는 저를 발견했습니다. 미디어에 대해 적절한 기준이 없으니 "살면서 이런 재미라도 있어야 되지 않나…. 하지만 이건 뭔가 아닌 것 같다…." 식으로 이랬다저랬다 시행착오를 수도 없이 반복했습니다. 마침 직장에서의 스트레스도 많았던 터라, 시간만 나면 화면에 시선을 묻고 지내곤 했습니다. 뭔가 좀 더 가치로운 일에 에너지를 쓰고 싶다는 생각이 가끔 꿈틀거렸는데, 그때마다 괴로우니까 오히려 더 잊어버리려고 재미있고 자극적인 걸 찾아다닌 것 같습니다.

결국 결단을 내린 것은, '평생 이 모습으로 살다 죽을 가능성이 제일 크겠구나'라는 생각이 들었을 때였습니다. 내가 정말 게으른 변명쟁이라는 것은 알고 있었지만, 진짜 '이대로 살다가 죽고 싶지 않다'는 정직한 저항의식이 가슴속 깊은 곳에서 올라왔습니다. 주식이나 부동산도 그렇지만, 무엇이든 꾸밈없는 실체가 드러나면 그때가 바닥을 치고 올라가는 때가 되지 않습니까. 덕분에 생각도 못 했던 아이디어가 떠올랐지요.

집에서 인터넷을 끊었습니다. 업무상 필요한 일은 직장에서 더 부지런히 움직이기로 했고요. 스마트폰도 가장 싼 요금제로 바꿔서 기본 데이터를 최소한으로 줄였습니다. 한동안은 금기 증상이 있었지만, TV에서 그랬듯이 결국 적응하게 되었습니다. 가끔 중요한 스포츠 이벤트는 아내 핸드폰의 핫스팟으로 해결하고요. 사람들은 제가 톡을 늦게 확인하는 걸 알기 때문에, 급할 때는 전화나 문자로 연락해 주더군요. 이렇게 되니, 톡은 마치 시간을 두고 확인하는 일종의 편지나 엽서 같은 역할을 해주게 되었습니다. 스마트폰을 끊었을 때 톡과 SNS에서 어려움이 많을 거라 생각했는데, 실제로는 불편을 느낀 적이 거의 없습니다.

한참이 지나자, 어느 순간 독서량이 폭발적으로 늘어났습니다. 그전에는 생각도 못 하던 세계가 열린 것 같습니다. 읽는 글은 종류가 따로 없었습니다. 신문 기사 하나하나를 읽고 기록하고, 아이 책을 읽어주면서 오히려 더 많이 감탄했습니다. 문학, 과학, 역사, 철학, 신학…… 궁금증이 끝이 없이 일어나는데, 이 과정이 정말 재미있더군요. 남과 다른 것을 섭취하고 있으니 남과 다른 관점에서 세상을 보게 되고, 이것이 소위 '독창적 사고, 창의성'이라는 것을 알았습니다. 어느 순간부터 제가 뭔가를 말하면 사람들이 높게 평가해 주는 경우가 많아졌습니다. 지금은 TV와 인터넷이 있어도, 진짜 필요할 때만 잠깐 볼 수 있는 조절 능력이 생기기도 했지요.

아이를 기르면서, 아니 아이와 함께 커나가면서, 스마트폰과 미디어를 멀리했던 결단이 '신의 한 수'였다는 것을 갈수록 확신하고 있습니다. 그리고 저 혼자만이 아니라 이미 수많은 분이 '스마트폰 금식' 등의 문화로 함께 하고 있다는 걸 알게 되었습니다. 아이들에게 스마트폰 노출을 최소화시키기 위해 노력하는 부모들도 많다는 걸 알았고요. 물론 불편하고 지루할 때도 있습니다. 하지만 그 모든 걸 뒤덮을만한 혜택이 분명히 있습니다. 많은 분들이 함께 공유하게 되길 바라는 마음에 이 책이 나오게 되었지요.

　뒷부분에서 자세히 다루겠지만, 생활 속에서 개인적으로 실천할 수 있는 형태를 소개하면 다음과 같습니다. 중요한 관건은 인터넷, 개인 스마트폰이나 패드, 컴퓨터나 노트북, TV가 됩니다. 각자의 상황과 결단 정도에 따라 등급이 결정됩니다.

지원부대 (Support Force)

TV 줄이기 (Less-TV : LT member)

인터넷 줄이기 (Less-Internet : LI member)

스마트폰 줄이기 (Less-smartphone : LS member)

게임 줄이기 (Less-game : LG member)

중견부대 (backbone Force)

TV 끊기 (Disconnect-TV : DT member)

(집) 인터넷 끊기 (Disconnect-Internet : DI member)

스마트폰 끊기 (Disconnect-smartphone : DS member or 2G member)

게임 끊기 (Disconnect-game : DG member)

선봉부대 (Spearhead Force)

TV, (집)인터넷 동시 끊기 (Disconnect-TV, Internet : DTI member)

TV, 스마트폰 동시 끊기 (Disconnect-TV,Smartphone : DTS member)

TV, Game 동시 끊기 (Disconnect-TV,Game : DTG member)

(집)인터넷,스마트폰 동시 끊기 (Disconnect-Internet,Smartphone : DIS member)

(집)인터넷, 게임 동시 끊기 (Disconnet-Internet,Game : DIG member)

스마트폰, 게임 동시 끊기 (Disconnect-Smartphone,Game : DSG member)

특수부대 (Special Force)

(집)인터넷, 스마트폰, 게임을 모두 끊고 TV만 부분적으로 허용하는 멤버

Disconnect-All-Except-TV : DAET member)

TV, 스마트폰, 게임을 모두 끊고 (집)인터넷만 부분적으로 허용하는 멤버

(Disconnect-All-Except-Game : DAEG member)

TV, (집)인터넷, 게임을 모두 끊고 스마트폰만 부분적으로 허용하는 멤버

(Disconnect-All-Except-Smartphone : DAES member)

TV, (집)인터넷, 스마트폰을 모두 끊고 게임만 부분적으로 허용하는 멤버

(Disconnect-All-Except-Game : DAEG member)

초인부대 (Super-Human Force)

4가지를 모두 끊고 독서와 생각, 창작에 몰입하는 멤버

(Disconnect-All-No-Exception : DANE member)

생태계를 세 번째 집으로

미디어를 절제하는 일은 개인의 결단만으로는 오래가기 어렵습니다. 일상이라는 거대한 물결 앞에서는 이내 식어버리기 마련이니까요. 세상 전체가 한 방향으로 흘러가고 있을 때, 그 흐름을 거슬러 올라가려면 '혼자가 아닌 힘'이 필요합니다. 결국 지속 가능한 변화는 개인의 의지보다 함께 살아가는 생태계에서 비롯됩니다.

가정은 그 생태계의 첫 번째 토양입니다. 아이가 미디어의 유혹에서 벗어날 수 있으려면, 집 자체가 안전한 공간이 되어야 합니다. 부모의 말보다 환경이 더 강력하니까요. 거실에 TV가 켜져 있고, 식탁 위에 스마트폰이 놓여 있는 공간에서 '조절'을 가르치기란 거의 불가능합니다. 반대로 조용히 대화하고 함께 책을 읽는 집에서는 굳이 "공부하라"는 말을 하지 않아도 자연스러운 집중의 힘이 자랍니다. 그런 가정이야말로 아이에게 주는 두 번째 집, 즉 스스로 꾸며갈 공간의 원형이 됩니다.

하지만 한 가정보다 여러 가정의 힘이 훨씬 강력합니다. 아이들은 부모의 말보다 또래의 말에 훨씬 깊은 영향을 받습니다. 부모가 백 번 강조해도, 단 한 번 멋진 형이나 언니가 하는 말이 더 큰 울림을 주지요. 그렇기 때문에 비슷한 가치를 공유하는 또래 생태계, 그리고 부모들이 함께 연대하는 공동체가 반드시 필요합니다.

아이를 기르다 보면 여러 학부모를 만나게 됩니다. 그중에는 비슷한 고민과 방향을 가진 분들이 있습니다. 그런 사람들을 만나는 순간, 묘한 공명이 일어납니다. "우리도 같은 길을 걷고 있구나." 이 공명은 단순한 위로를 넘어, 서로의 경험과 노하우를 나누며 버틸 수 있는 힘이 됩니다. 가능하다면 한 달에 한 번 정도 모여 각자의 상황을 나누고, 스마트폰 프리(Free) 생활의 실천 사례를 공유해 보세요. 짧은 강의를 함께 듣거나, 관련된 책을 같이 읽고 토론하는 것도 좋습니다.

이런 모임은 반드시 누군가가 중심을 잡아야 지속됩니다. 처음엔 부담스럽더라도, 직접 이끌어보는 것을 권합니다. 가장 많이 배우고 변화하는 사람은 언제나 그 모임을 책임지는 사람입니다. 오래 맡는 것이 힘들다면 3개월마다 리더를 돌아가며 맡는 방식도 좋습니다. 중요한 것은 '누가 리더냐'가 아니라, 그 자리를 통해 서로를 성장시키는 구조를 만드는 것입니다.

그렇게 보면, 이 모임과 관계망은 단순한 모임이 아니라 우리가 함께 만들어가는 '세 번째 집'이 됩니다. 첫 번째 집이 주어진 곳이라면 두 번째 집은 스스로 꾸민 공간이고, 세 번째 집은 함께 성장하고 서로를 지탱하는 생태계의 집입니다. 그 안에서 우리는 외롭지 않게 버티며, 같은 방향을 바라보는 이들과 함께 더 나은 삶의 문화를 일구게 됩니다.

공동체는 가장 강력한 교육 환경이다

우리는 똘망군이 어렸을 때 책 읽기 외에 별다른 공부를 시켜본 적이 없다. 교과목보다는 건강한 마음과 체력을 위해 전통 한옥 숲 유치원에 보냈다. 아침이면 산으로 놀러 다니며 도토리를 줍고, 진달래를 머리에 꽂고 내려오던 광경을 떠올리면 지금도 웃음이 절로 난다. 그곳에서 만난 아이들과 학부모들은 어찌 보면 우리와 비슷한 교육관을 가진 분들이 많았다. 그래서 나는 생각했다. **이 기운을 가진 사람들과 함께 가야겠다고.** 그렇게 열 명의 엄마들과 '○○큰꿈나무'라는 공동체를 만들었다. 중학교 때까지는 아이들에게 스마트폰을 사주지 않겠다는 선서와 함께 작은 연합체가 결성되었다. 서로의 집을 오가다 보니 집집마다 분위기도 놀라울 만큼 비슷했다. 거실은 대부분 서재처럼 꾸며져 있었고, 컴퓨터는 개인 방이 아니라 거실에 놓여 있었다. 좋은 책은 함께 공동 구매를 했고, 교육 정보도 자연스럽게 공유했다. 그 덕분에 아이들끼리의 대화도 잘 통했다. 물론 학교 친구들은 대부분 스마트폰을 가지고 있었기에 간혹 불만을 토로하기도 했다. 하지만 공동체 아이들 모두가 스마트폰이 없었기 때문에 그 불만은 오래가지 않았다. 초등 저학년까지는 부모의 말이 비교적 잘 통한다. 그러나 아이들이 자라면서 점점 또래 집단의 영향을 더 크게 받게 된다. 그 시기에 부모가 쥘 수 있는 **가장 강**

력한 무기는 훈육도, 통제도 아니다. **같은 가치관을 가진 공동체다.**

Q

에나지의 꿀팁

"아이를 키우는 건, 환경을 키우는 일이다."

가정 교육의 한계는 '또래 환경'에서 온다. 그래서 가정 밖의 공동체 설계가 필요하다. 스마트폰 절제는 혼자 하면 어렵고, 함께 하면 가능하다. 같은 선택을 한 친구가 곁에 있을 때 아이의 불만은 힘을 잃는다. **교육관이 맞는 부모들과 연합하라.** 작은 공동체 하나가 사교육보다 강력한 교육 환경이 된다. **아이를 바꾸려 하지 말고, 아이가 속한 집단을 설계하라.** 아이는 말보다 분위기에 훨씬 더 민감하다.

2
평화를 원한다면
전쟁을 준비하라

스마트폰을 두고 벌어지는 실랑이는 전쟁터에서 전선을 두고 다투는 상황과 비슷합니다. 전선이 뒤로 밀릴수록 전장은 넓어지고, 그만큼 collateral damage—전쟁 중에 군사 목표가 아닌 민간인이나 마을까지 함께 피해를 입는 것 같은 부수적 피해—가 커지게 됩니다. 그래서 전쟁에서 전선을 끌어 올리듯, 가정에서도 미디어 노출의 전선을 될 수 있는 한 높게 유지해야 합니다.

여기서 우리가 기억해야 할 라틴어 표현이 있습니다. "Si vis pacem, para bellum"—평화를 원한다면 전쟁을 준비하라. 평화가 좋다고 전쟁을 피하는 나라는 결국 평화를 얻지 못합니다. 옆 나라가 그 나라를 가만두지 않기 때문입니다. 심지어 전쟁조차 일어나지 않는다면, 이미 식민지가 된 상태인데 이 경우는 더 비극적입니다. 싸우려는 의지도 없이 노예처럼 부당한 대우를 받아들이며 살아가야 하기 때문입니다. 진정한 평화를 원한다면, 반드시 전쟁을 준비하고 치러야 합니다.

가정의 스마트폰 전쟁도 마찬가지입니다. 집집마다 미디어 정책의 기준은 다를 수 있습니다. 그러나 어떤 집이든 아이들이 국경을 넘보는 적군처럼 기회를 엿보며 스마트폰을 좀 더 쓰려 할 것이고, 부모가 방심하면 전선은 자연스레 낮아지게 마련입니다. 만약 부모가 먼저 전선을 낮춘다면, 그만큼 더 큰 피해가 우리 가정의 '영토' 안에서 일어나게 됩니다.

그 피해는 단순히 자세나 집중력의 문제에서 그치지 않습니다. 학습 태도의 흐트러짐, 정신 건강의 위기, 성적 호기심에 따른 위험한 노출, 도박이나 중독, 심지어 범죄와 같은 심각한 결과까지 이어질 수 있습니다. 전선이 뒤로 물러설수록 피해는 기하급수적으로 커집니다.

현실은 쉽지 않습니다. 매일 같이 반복되는 실랑이 속에서 부모와 자녀 사이의 관계가 더 나빠지는 것 같고, "옆집 아이들도 다 쓰는데 굳이 막아야 하나" 하는 마음이 들 때도 있습니다. 그래서 처음엔 10 정도에 있던 전선이 아이의 끊임없는 요구와 타협 속에서 15 정도까지 밀려날 수도 있습니다. 그러나 중요한 건, **그럼에도 불구하고 15에서 싸우는 것이 여전히 큰 의미가 있다는 사실**입니다. 아이들이 잔머리를 굴려 한두 시간 몰래 게임을 했다 해도, 그것은 여전히 '전선이 앞에 있다는 증거'입니다. 만약 전선이 50까지 물러나 버렸다면, 그 뒤에 벌어질 피해는 훨씬 더 크고 깊을 테니까요. 지금 **이 자리에서 지키고 있는 작은 승리가 사실은 더 큰 패배를 막고 있는 셈**입니다.

그러니 부모님들께 권하고 싶습니다. **평화를 원한다면 전쟁을 준비하**

고, 전쟁을 치르는 의미를 명심하십시오. 싸움이 힘겹더라도, 때로는 지치더라도, 이 전쟁의 가치는 분명합니다. 전선을 높게 유지하려는 부모의 인내와 결단이 가족 모두를 더 건강하고 자유롭게 키워낼 것입니다.

우리 집은 이미 늦었어, 라고 여겨지는 경우도 있을 것입니다. 하지만 스마트폰의 폐해는 어른에게도 거의 똑같이 적용됩니다. 따라서 어른도 조절이 필요하지요. 바꾸어 말하자면 이미 스마트폰이 일상화된 아이들 역시 지금부터 조절해야 하고, 조절할 수 있습니다. 디지털 식민지의 상태를 당연하게 여기지 말기를 바랍니다. **스마트폰 전쟁은 이기는 싸움이 아니라, 버티고 지키되 함께 성장하는 싸움입니다.**

아이가 특별한 게 아니라, 환경이 특별했다

가끔 사람들은 똘망군을 두고 "아이가 정말 특별한 것 같다"고 말하곤 했다. 그럴 때마다 우리 부부는 조금 당황스러웠다. 아이가 특별했던 게 아니기 때문이다. 물론 우리도 처음엔 착각했던 적이 있다. "이 아이는 원래 책을 좋아하는 아이구나." 하지만 그건 아이의 기질이 아니라 **환경의 결과**였다. 어느 날, 할머니 댁에 하루 동안 아이를 맡긴 적이 있다. 그날 나는 깜짝 놀랐다. 눈을 화면에서 떼지 못하고 하루 종일 TV를 보고 있는 모습이 낯설 정도였다. 그 순간 깨달았다. 아이가 특별한 게 아니라, **집의 환경이 특별했을 뿐이라는 사실을.** 스마트폰이 있으면 어떻게든 조금이라도 더 보려고 하고, 부모가 통화하는 틈을 타 몰래 게임을 하다 들키기도 했다.

하지만 다행인 것은, 그때마다 아이의 시선이 잠깐 빼앗겼을 뿐 **전장(battlefield)을 모두 내준 것은 아니었다**는 점이다. 이렇게 버티다 보면 청소년기는 지나간다. 겉으로 보기엔 다른 집들은 큰 문제 없이 지내는 것처럼 보이지만, 내가 현장에서 본 대부분의 가정은 지금도 스마트폰과의 전쟁을 치르고 있다. 차이는 하나다. **전장을 많이 빼앗긴 집과, 조금만 빼앗긴 집의 차이.**

아이를 키우는 일은 완벽한 승리를 거두는 싸움이 아니다. 다만, **얼마나**

많은 영역을 지켜내느냐의 문제일 뿐이다.

Q

에나지의 꿀팁

아이를 바꾸려 하지 말고, 전장을 설계하라

아이의 행동은 기질보다 **환경의 영향**을 더 크게 받는다. 스마트폰 문제는 '통제 실패'가 아니라 **전장 관리의 문제**다. 한 번의 흔들림은 괜찮다. 중요한 것은 **다시 돌아올 수 있는 환경**이다. 청소년기는 전쟁처럼 느껴지지만, 버티는 집이 결국 이긴다.

3

첫 번째 자아와
두 번째 자아

'이렇게까지 해서 아이를 억제해야 할까? 이건 아동 학대 아닌가?'라는 의문이 들 수 있습니다. 그러나 이 싸움은 오히려 아이를 홀가분하게 만들어주기 위한 것입니다.

인디언 속담 중에, 우리 안에 검은 늑대와 흰 늑대에 대한 이야기가 있지요. 검은 늑대는 악을, 흰 늑대는 선을 의미하는데 두 마리 늑대는 항상 싸워서 우리의 행동을 결정하려고 합니다. 두 마리 중에 누가 이기느냐는 평소에 어떤 늑대에게 먹이를 주느냐에 달려 있다는 것이 가장 중요한 점입니다. 이 늑대를 현실적으로 정의한다면

놀고 즐기고 싶은 자아 A / 제대로 멋지게 살고 싶은 자아 B

라고 할 수 있습니다. 자아의 지도를 보면 A의 그릇은 깊고 크며, B의 그릇은 얕습니다. 두 개의 자아 사이에는 '현타의 다리'가 잇고 있지요. 아이들은 놀고 싶은 마음이 훨씬 크고, 먼저 그쪽 그릇을 채우려고 합니다. 하

지만 항상 그런 것만은 아닙니다. 현타의 다리가 찰랑찰랑할 정도까지 놀다 보면, "아, 이렇게만 살면 안 되는데…"라는 현타가 오는 거지요. 그래서 일시적으로나마 제대로 살고 싶은 자아 B로 넘어가기도 합니다. 하지만 B의 그릇은 얕기 때문에 금방 다시 현타가 오고, 그렇게 다시 A로 넘어가게 되는데 그때는 A의 그릇이 반작용으로 더 크고 깊어집니다. 이때 부모의 가장 치명적인 실수는 빈정대는 것입니다. "이것 봐~ 너 금방 그럴 줄 알았어. 맘먹었으면 좀 진득하게 못 하니?" 이런 말을 들으면 아이는 다음번에 다시 현타가 와도 B로 넘어가기가 어려워집니다. 물론 자녀를 위하는 마음과 동시에 부모 자신의 마음도 상하기 때문에 이런 말을 하게 되지요. 하지만 이런 1차적인 반응은 원하는 결과를 더 멀어지게 합니다. 사람을 바꾸는 유일한 방법은, 그 사람이 이미 내가 바라는 모습이 된 것처럼 대하는 것입니다. 아이의 자아 B에 자꾸 힘을 주어야 합니다. 동시에 검은 늑대에게 먹이를 주지 않아야 하듯 A의 영양분(아이가 놀 때 사용하는 것들)을 줄이거나 끊어야 합니다. 가혹하게 들릴 수도 있지만, **미디어를 사용할 수 없는 상황이 연속돼서 단념하게 되면, 아이가 오히려 홀가분해하는 걸 보게 됩니다.** 끊임없는 자아 A의 욕구에 스스로 힘들어하고 있던 반증이지요. 아이의 미디어 환경에 강하면서도 적절하게 개입했을 때, 아이들이 오히려 무거운 짐을 내려놓은 듯 반응하는 경우를 너무나 많이 목격해 왔습니다. 부모가 해줄 일은 잔소리가 아니라 환경을 통해 단념을 도와주는 것입니다. 그것이 진정한 자유와 집중을 회복하게 하는 길입니다.

담으려면 먼저
세워줘야 한다

부모 자녀의 관계와 성적 중 무엇이 더 중요할까요? 이렇게 물으면 당연히 전자라고 할 것입니다. 실제로 어릴 때는 관계가 좋은 가정이 많고, 이런 흐름이 좋은 학업성취도로 이어지곤 합니다. **무언가를 잘해서 행복해지는 경우보다 행복하니까 무언가를 잘하게 되는 경우가 훨씬 많기 때문입니다.** 하지만 성적의 의미가 급해지는 중학교 이후로는 비교할 필요가 없을 정도로 성적을 우선시하는 경우가 대부분입니다. 그러다 보니 스마트폰이 직접적인 위협이 된다는 걸, 아이가 한참 사춘기를 지날 때에 실감하게 되지요.

사춘기 전 단계에서는 문화 확립이 먼저입니다. 아이들이 스마트폰에 대한 올바른 가치관을 내장할 수 있게 해 주는 것입니다. 하지만 이미 자아가 형성된 이후에는 상황이 달라집니다. 이 시기에 함부로 스마트폰을 빼앗거나 강제로 통제하려 들면, 보다 중요한 부모-자녀 관계가 깨지게 됩니다.

이 시기의 자녀에게 좋은 훈육을 하려면, 먼저 **자녀의 자아를 '세워주는' 과정**이 필요합니다. **컵이 쓰러진 상태에서 물을 붓는 사람은 없지요. 마찬가지로 쓰러진 자아 위에 아무리 좋은 훈육을 부어도 받아들여지지 않습니다.** 먼저 컵을 곧게 세워야 그 안에 물을 담을 수 있듯, **자녀가 자기 존재를 존중받는다고 느끼는 상태**를 만들어야 합니다. 부모와 자녀가 서로 존중하고 합의하며 스마트폰 사용 규칙을 세우고 성숙한 문화를 만들어 나가는 과정이 핵심입니다. 반대로 직설적인 잔소리나 공격적인 언사는 자녀의 자아를 쓰러뜨리는 다운스트림의 양육 방식이 됩니다. 물론 그 과정에서 자녀는 호시탐탐 미디어를 탐할 것입니다. 그럴 때 신랄하게 한마디 해주고 싶은 게 부모의 마음이지만, 업스트림의 문화는 이런 금단증상이 있을 수밖에 없다는 걸 수용해 주면서 격려해야 합니다. **문화의 힘은 강력하지만 그만큼 오랜 기간을 필요로 하기 때문입니다.**

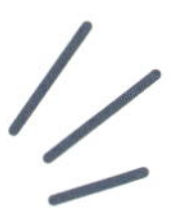

5

잔소리가 필요 없는
환경을

중독의 종류는 다양하지만, 중독에서 벗어나는 방법은 단순합니다. 그 대상과 최대한 물리적으로 멀어지는 것입니다. 재미는 물처럼 아래로 흘러가기 때문에, 주변에 두고서 마음을 단단히 먹는 건 의미가 없습니다. 위쪽으로 흐르라고 물에게 요구하기 전에, 물길을 막고 펌프를 달아줘야지요. 스마트폰 절제는 단순히 "그만 써라"라는 말로 되지 않습니다. **지혜로운 부모는 아이를 탓하지 않고 상황을 설계합니다.** 이때 2가지 축을 활용할 수 있습니다. x축(공간적 접근)과 y축(시간적 접근)입니다. 전자는 공간 자체를 바꾸는 보다 강한 조치를 포함하고, 후자는 시간을 정해놓고 절제함으로써 좀 더 완화된 방식이라 할 수 있습니다.

x축적 접근: 공간을 안전하게 만들기

미디어 사용이 최소화되게 물길을 설계하는 조치는 다음과 같은 방법들이 있습니다.

* 아이의 폰을 스마트폰이 아닌 2G폰이나 공신폰으로 구매합니다. 실제로 많은 분들이 이 방법을 쓰고 있습니다. 물론 아이는 불만을 가지겠지만, 이게 우리 집의 규칙이라는 점에서는 물러나지 않아야 합니다. 대신 다른 재미들을 다양하게 보완해 줘야겠지요. 다만 아이가 자의식이 생기기 시작하면 2G폰이나 공신폰을 부끄러워하기도 합니다. 이런 경우 스마트폰을 구매하되 와이파이나 데이터 기능을 없애는 방법도 있습니다. 겉모습만 스마트폰이고 실제로는 2G폰을 만드는 거지요.

* 데이터 절제 : 음성 통화와 문자만 제공되는 '표준 요금제'나 청소년을 위한 데이터가 없는 안심 요금제로 변경하면 됩니다.

와이파이는 부모가 원격으로 제어할 수 있는 앱을 설치하는 것이 가장 효과적입니다. 안드로이드폰의 경우에는 Google Family Link로, 아이폰 계열에서는 스크린 타임 관리 기능, 또는 각 통신사에서 제공하는 앱(SKT: ZEM(잼), KT: 자녀폰 안심, LGU+: 자녀폰 지킴이)을 사용하면 특정 시간대에 와이파이를 켜고 끄도록 설정하거나, 와이파이가 켜져 있더라도 인터넷 브라우저 앱 자체를 사용하지 못하게 막고 정해진 시간에는 스마트폰 자체를 잠글 수 있습니다. 또는 모바일 펜스(MobileFence), 엑스키퍼(Xkeeper), 카스퍼스키 세이프 키즈(Kaspersky Safe Kids), 쿠스토디오(Qustodio), Norton family, famisafe 등의 유료 앱을 통해 좀 더 강력한 차단을 할 수 있습니다. 또는 안드로이드 스마트폰/태블릿의 '앱 고정(Screen Pinning)' 아이폰/아이패드에는 '사용법 유도(Guided Access)'

를 활용하면 현재 실행 중인 앱 하나만 사용하도록 잠글 수 있습니다.

기능＼앱	Mobile Fence	Xkeeper	Kaspersky Safe Kids	Qustodio	Norton Family	FamiSafe
웹 필터링	강력함	기본 제공	10+ 카테고리 필터링	25+ 카테고리 필터링	실시간 필터링	AI 기반 필터링
앱 차단/ 관리	앱별 차단 가능	사용 시간 설정 가능	✕ iOS에서는 제한적	앱별 시간 설정 가능	앱 사용 시간 설정 가능	앱 차단 및 스케줄링
스크린 타임 관리	시간대별 설정 가능	사용 시간 제한 가능	사용 시간 설정 가능	주간/일간 설정 가능	시간 제한 및 스케줄링	유연한 시간 설정
위치 추적	실시간 위치 추적	GPS 기반 추적	GPS 추적 가능	실시간 위치 + 지오펜스	위치 히스토리 제공	지오펜스 + 실시간 추적
SNS/유튜브 모니터링	✕ 미지원	✕ 미지원	✕ 유튜브 검색만 추적	유튜브 시청 + 검색 추적	✕ SNS 모니터링 미지원	TikTok, YouTube 등 지원
호환 플랫폼	Android	Windows, Android	Android, iOS, PC, Mac	Android, iOS, PC, Mac	Android, iOS, PC	Android, iOS
특징 요약	한국 전용, 세부 설정 강력	러시아 기반, PC 관리 중심	저렴하고 기본 기능 충실	기능 풍부, UI 우수	무제한 기기 지원, 직관적	예산 친화적, 알림 기능 우수
가격대	월 3,000원~	무료/유료 혼합	저렴한 연간 요금제	중간~고가 (기능 대비 합리적)	중간 가격대	저가~중간 가격대

컴퓨터는 아이의 방보다는 거실에 있는 게 좋습니다. 혼자만의 공간에 있는 경우 자꾸 놀고 싶은 자아 A가 등장하기 때문입니다. 미디어에 굶주린 아이들일수록 호시탐탐 뭔가를 몰래 보고 싶어 하는데, 이것도 자연스러운 현상이니 너무 뭐라고 비난하지 말고 환경 자체를 바꾸는 게 좋습니다. 컴퓨터(PC) 사용 기록 관리 프로그램으로는 Microsoft Family Safety라는 Windows 내장 기능이 있는데, Microsoft 계정을 통해 자녀의 PC 사용 시간을 제한하고 유해 웹사이트를 차단하며, 앱 및 게임 사용

내역을 주간 보고서로 받아볼 수 있습니다. 한층 더 강력한 프로그램으로는 KidLogger, Spyrix가 있는데, 키보드 입력 내용, 스크린샷, 웹사이트 방문 기록 등 자녀의 PC 활동을 상세하게 기록하여 부모가 확인할 수 있도록 돕습니다.

x축 접근을 하는 가정의 경우 부모는 수시로 탐지하고 그에 맞는 대책을 세워야 합니다. 매우 피곤하지요. 또 아이들은 수시로 부모의 폰을 사용하고 싶어 하거나 자신만 절제되는 상태에 대한 불만이 커질 수 있으니, 부모들도 가능한 한 절제해야 할 수 있습니다. 상당히 불편한 상황이지요. 마치 전쟁에서 전선(enemy line)이 밀고 밀리는 상황과 같습니다. 하지만 이 자체가 건강한 상황이고, 아이들의 시도가 단념되었을 때 아이들이 오히려 더 홀가분하고 행복해한다는 확신을 가져야 합니다.

핫스팟 활용 방식

x축적 접근에서 간혹 인터넷이 필요한 경우, 부모 중 한 명의 스마트폰 요금제를 **무제한 요금제**로 설정한 뒤 필요한 순간에만 핫스팟 기능을 켜서 인터넷에 잠시 연결하는 방식을 쓸 수 있습니다. 이 방식의 핵심은 **인터넷 상시 연결을 끊고, 선택적 연결로 전환**하는 데 있습니다. 물론 불편함은 있습니다. 하지만 바로 그 불편함이 더 효율적인 조절과 좋은 흐름으로 연결되지요. 저희 집의 경우 아빠는 최소 요금제를 쓰고 엄마의 휴대폰

에 무제한 요금제를 적용했습니다. 필요할 때만 요청해 핫스팟을 잠시 켜
는 식으로 운영했지요. 다만 꽤 불편하기 때문에 가족 중 특정 스포츠, 또
는 드라마를 포기할 수 없는 상황이라면 아래 소개할 y축적 접근이 더 적
합할 수 있습니다. 또 무제한 요금제라 하더라도 핫스팟 용량은 제한되어
있는 경우가 많습니다. KT, SKT, LG U+ 등 통신사별로 기본 제공량이 다
르므로, 반드시 고객센터에 전화하거나 앱에서 핫스팟 사용 가능 데이터
양을 사전에 확인하시길 권장합니다.

y축적 접근: 시간을 나누어 관리하기

x축적인 공간 관리가 지나치게 부담된다면, 시간 관리를 선택할 수 있
습니다. 정해진 시간 동안은 와이파이, 데이터, 컴퓨터, TV를 비롯한 모
든 미디어가 단절되게 하는 것입니다. x축보다 더 완화된 만큼 정해진 시
간에는 엄격하게 절제될 수 있도록 세팅을 해두는 게 좋으니, 처음 시간을
정할 때는 온 가족이 함께 모인 자리에서 결정하는 게 좋습니다. 다만 x축
적 접근에 비해서 덜하다 뿐이지 y축 역시 일부러 불편함을 감수하는 방식
이기 때문에, 모두가 합의하는 결과는 얻기 어려울 것입니다. 미디어 절제
의 필요성을 가장 많이 느끼는 사람이 주도해서 설득하고, 필요하다면 서
로의 조건을 제시하면서 합의를 이끌어내고, 그 사항은 가장 잘 보이는 곳
에 공지처럼 볼 수 있게 해두는 게 좋습니다. 또한 실제로 시행하면서 시
행착오를 거쳐야겠지만, 업데이트를 너무 자주 하지 않는 게 좋습니다. 자

꾸 바뀌는 규칙은 힘을 잃기 쉽기 마련이기 때문이고, 함께 정한 규칙은 다소 부조리함을 느끼더라도 어느 정도 받아들여야 하는 상황은 사회에서도 자주 경험하게 될 것이기 때문입니다. 가장 대표적인 방법은 저녁 9시부터 다음 날 아침까지인데, 부모의 눈을 피해서 밤 동안에 스마트 기기를 사용하려는 아이들이 많기 때문이고 이게 건강, 정서상으로 여러 가지 악영향을 끼치기 때문입니다. 또 다음과 같은 환경이 필요합니다.

* 미디어는 공개된 장소에서 사용하기 : 거실에 컴퓨터를 설치하는 등 아이의 방에는 미디어 장치가 없게 하는 대신에 거실에서 '합법적으로' 미디어를 활용할 때는 맘 편하게 사용하게 해주는 게 좋습니다.

* 카카오톡과 같은 필수 메신저는 컴퓨터로 사용하게 하기 : 아이들의 폰에 인스타 등의 메신저는 막아놓지만 카카오톡은 학교, 학원의 공지 때문에 유지되는 경우가 많습니다. 하지만 카카오톡을 통해 우회하는 방법을 아이들이 자주 쓰기 때문에 폰에서 지우고 컴퓨터에 설치한 다음, 프로필 인사말에 '자주 확인하지 못하니 급한 용무는 전화나 문자로' 등의 문구를 넣어놓는 것이 좋습니다. 이 방식은 아이뿐 아니라 SNS의 홍수에 지친 어른들에게도 아주 유용한 방법입니다.

* 거실에 스마트폰 도킹 스테이션을 만들어 모두의 기기를 모아두고, 데이터 금식 시간에는 눈으로 확인되게 하기

- 와이파이 비밀번호를 부모가 관리하기
- 자녀가 몰래 공기계를 활용할 가능성을 항상 염두에 두기

이는 마치 간헐적 단식과도 같습니다. 일정 시간 동안 몸이 쉬어야 건강해지듯, 미디어 단식도 저녁과 밤 시간을 활용하면 가장 효과적입니다. 아이들이 몰래 딴짓을 할 수 있는 요소를 원천적으로 막아주는 셈이지요. 다시 한번 강조하지만 이건 억압이 아니라 아이를 위한 해방의 시간임을 명심해야 합니다.

이 방식은 미디어를 사용할 때마다 불편하게 만드는 것입니다. 편리함은 줄이고, 주도권은 되찾는 삶의 실천입니다. 불편하지만, 바로 그 불편함 덕분에 우리는 더 많이 대화하고, 더 많이 창작하며, 더 깊이 생각할 수 있습니다. 핫스팟 방식이나 y축적 접근은 작은 불편을 감수하면서도 디지털 절제 실천을 지속할 수 있는 현실적인 대안이 될 수 있습니다.

6

실제로 해본
부모들의 반응

실제로 스마트폰 사용 환경을 성공적으로 조정해 본 부모들을 대상으로 광범위한 조사를 진행했습니다. 부모들은 한결같이 이런 메시지를 전하고 있었습니다.

스마트폰 문제는 어떤 앱, 어떤 장치를 쓰느냐는 기술의 문제가 아니었습니다. 아이의 문제도 아니었습니다. 결국은 가정이 기준을 가질 수 있느냐의 문제였습니다. 설문에서 발견된 공통 패턴을 정리하면 다음과 같습니다.

정답은 없었지만, '단계'는 있었다

부모들이 처음부터 잘한 경우는 거의 없었습니다. 대부분 이런 과정을 거쳤습니다.

처음에는 **완전히 차단**을 시도합니다. 하지만 아이의 반발이나 현실적인 문제로 오래 유지되지 못하는 경우가 많았습니다. 반대로 **완전한 자율**을 주는 방식도 흔히 시도됩니다. 하지만 시간이 지나면 사용 시간이 급격히 늘어나면서 다시 문제가 발생합니다. 어떤 가정은 강한 **통제**를 시도하기도 합니다. 그러나 기준이 분명하지 않으면 부모와 아이 모두 지치게 됩니다. 설문에서 비교적 안정적인 결과를 보인 가정들의 공통점은 **통제 + 대화 + 대안의 삼박자가 맞아떨어졌다는 것입니다.** 단순히 막는 것이 아니라, 왜 필요한지 설명하고, 대신 할 수 있는 활동을 함께 설계하는 방식입니다. **스마트폰 교육에는 정답이 있는 것이 아니라 '순서'가 있습니다.**

부모를 가장 지치게 만드는 것은 시간이 아니라 감정이다

설문에서 반복적으로 등장한 부모의 감정이 있었습니다. 분노, 무력감, 죄책감, 불안… 특히 이런 말들이 여러 번 등장했습니다. "놔두는 게 낫겠다는 생각이 들었습니다.", "어쩔 수 없다고 느꼈습니다.", "모른 척하고 싶었습니다."

흥미로운 점은, 부모가 포기하는 이유가 아이가 말을 듣지 않아서가 아니라는 것입니다. 대부분은 **부모 자신이 지쳐서**였습니다. 그래서 스마트폰 문제를 해결할 때 가장 중요한 것은 기술이 아니라 **부모의 감정 에너지를 보호하는 것**입니다. 이 과정에서 갈등과 혼란을 겪는 것은 실패가 아니라 **과도기적인 과정**입니다.

통제가 문제였던 것이 아니라, '기준'이 없었던 것이 문제였다

설문에서 부모들이 가장 많이 했던 질문은 이것이었습니다. "어디까지 허용해야 하나요?", "어느 선이 적당한가요?", "이 정도면 괜찮은 건가요?" 흥미롭게도 안정적인 가정에서는 기준이 비교적 명확했습니다. 어떤 집은 **차단과 보상**을 함께 운영했고, 어떤 집은 **가족 합의와 확인 과정**을 만들었고, 어떤 집은 **아이와 함께 규칙을 설계**했습니다. 결국 문제는 통제가 아니라 **왜 통제하는지 설명되지 않는 상황**이었습니다. 아이들은 통제 자체보다 **기준이 불분명한 상황**에서 더 큰 불만을 느낍니다.

가장 효과 있었던 것은 앱이 아니라 생활 설계였다

안정적인 가정들의 공통점을 살펴보면 의외의 사실이 하나 드러납니다. 스마트폰을 줄인 집들은 대부분 **스마트폰을 잘 막은 집**이 아니었습니다. 대신 이런 활동이 자연스럽게 등장했습니다. 가족 간 대화, 산책, 보드게임, 함께 하는 활동, 부모가 먼저 스마트폰을 내려놓는 습관 등, 결국 중요한 것은 스마트폰을 빼는 것이 아니라 **그 자리를 무엇으로 채우느냐**였습니다. **스마트폰 사용을 줄인 집들은 통제를 잘한 집이 아니라 대안을 준비한 집이었습니다.**

교우관계에 대한 걱정은 생각보다 과장된 경우가 많았다

많은 부모들이 걱정하는 것이 있습니다. "우리 아이만 스마트폰을 덜 쓰면 친구 관계가 힘들어지지 않을까?" 설문에서도 이 걱정은 매우 자주 등장했습니다. 하지만 실제로 심각한 문제가 된 경우는 많지 않았습니다. 오히려 안정적인 가정일수록 이런 반응이 있었습니다. "생각보다 큰 문제가 아니었습니다.", "아이들도 충분히 적응합니다." 물론 친구들과의 소통이 완전히 필요 없다는 의미는 아닙니다. 다만 **모두가 쓰기 때문에 반드시 필요하다는 생각**은 과장된 경우가 많습니다.

부모들이 가장 원했던 것은 '방법'이 아니라 '기준'이었다

설문을 정리하면서 가장 많이 반복된 질문이 하나 있었습니다. "그래서 어디까지 허용해야 할까요?" 많은 부모들이 사실은 **방법보다 기준**을 원하고 있었습니다. 어떤 것은 허용할 수 있고 어떤 것은 협의할 수 있고 어떤 것은 분명히 제한해야 하는지 그 기준을 설명할 수 있는 **언어**가 필요했던 것입니다.

스마트폰 관리 앱은 어떻게 사용되고 있었을까

설문에 참여한 대부분의 부모는 한 번 이상 스마트폰 관리 앱을 사용해 본 경험이 있었습니다. 대표적으로 많이 사용된 것은 사용 시간 제한, 취침 시간 자동 차단, 앱 설치 승인, 유해 콘텐츠 차단 등이었습니다. 특히 많은 부모들이 공통적으로 이야기한 장점은 **"잔소리가 줄어들었다."** 라는 것입니다. 자동으로 꺼지는 구조가 만들어지면 부모가 계속 말하지 않아도 되기 때문입니다. 어떤 부모는 이렇게 말했습니다. **"스마트폰 조절 앱은 아이를 통제한 것이 아니라 제가 화내지 않게 도와주었습니다."** 이 말은 매우 중요한 의미를 담고 있습니다. 앱은 아이를 완벽하게 막아주는 해결책이라기보다는 **부모의 감정 에너지를 보호해 주는 장치**라는 점입니다. 또한 어떤 가정이든 처음에는 **강한 통제**가 필요합니다. 하지만 금단 증상을 넘어서게 되면 **협의와 대화**가 늘어납니다. 마지막에는 **자율**로 넘어가게 되고, 앱 역시 이 과정 속에서 **점점 역할이 줄어드는 도구**였습니다. 흥미로운 점은, 아예 앱을 사용하지 않은 가정들도 있었다는 것입니다. 대신 거실에 스마트폰 충전 공간 만들기, 미디어 사용 시간 합의, 가족 활동 늘리기, 부모가 먼저 스마트폰 내려놓기 등의 방법이 사용되었습니다. 결국 중요한 것은 **앱을 쓰느냐 쓰지 않느냐가 아니라, 생활 구조가 어떻게 설계되어 있느냐**였습니다.

결국 스마트폰 문제는 '시간'의 문제가 아니다

부모들이 처음에는 이렇게 묻습니다. "하루에 몇 시간을 쓰게 해야 할까요?" 하지만 시간이 지나면서 질문이 "우리 집은 어떤 기준으로 살아갈 것인가?"로 바뀝니다. 스마트폰 문제는 단순히 사용 시간을 조절하는 문제가 아닙니다. 결국은 **가정이 어떤 기준을 가지고 살아갈 것인가**에 대한 질문입니다. 그래서 우리는 스마트폰을 얼마나 쓰게 할 것인가를 말하려는 게 아니라, **아이와 부모가 어떤 기준으로 함께 살아갈 것인가를 함께 고민하고 최적의 선을 함께 찾아가려 하는 것입니다.**

7

지켜낸 규칙은
자부심이 된다

규칙은 단순히 아이를 통제하기 위한 장치가 아닙니다. 오히려 아이에게 칭찬과 성장의 기회를 마련해 주는 최고의 도구여야 합니다. 이 과정에서 부모가 해야 할 것은 날 선 비판이 아니라, 따뜻한 격려와 자연스러우면서도 엄밀한 환경을 조성해 주는 것뿐입니다. 아이가 이미 그런 규칙을 잘 지킬 수 있는 훌륭한 존재인 것처럼 믿고 대해주십시오. 그 믿음이 아이 안에 잠든 가능성을 깨우는 가장 강력한 힘이 됩니다.

아이들이 마침내 규칙을 지켜냈다는 건, 외부의 통제를 넘어 스스로를 이겨내고 자기 통제력을 발휘했다는 빛나는 증거입니다. 이 위대한 순간에 부모는 더 이상 통제자가 아닌, 아이의 성장을 온 마음으로 인정하고 격려하는 동반자가 됩니다. 이러한 과정은 아이에게 '억눌림'을 주는 것이 아니라, "나는 나를 다스릴 수 있다"는 단단한 자아를 키워주는 가장 확실한 길입니다. 그런 확신 속에서 부모는 아이를 신뢰하며 안심할 수 있고, 아이는 더 자유롭고 당당한 존재로 세상을 향해 나아갈 수 있습니다.

물론, 이 모든 과정을 거친 아이는 십중팔구 "내가 해냈다"고 생각할 것입니다. 부모의 섬세한 환경 조성과 믿음 덕분이라고 여기기보다, 온전히 자신의 노력과 의지로 이뤄낸 성과라고 여길 가능성이 큽니다. 부모로서 조금은 억울한 마음이 들 수도 있습니다. 하지만 '잘되면 내 덕, 안 되면 남 탓'을 하는 것은 어쩌면 인간의 자연스러운 본성일지 모릅니다.

바로 이 지점에서 부모에게도 성장의 기회가 찾아옵니다. 누가 잘했는지를 굳이 따지며 언쟁하는 대신, 아이의 성취를 온전히 아이의 것으로 돌려주며 진심으로 칭찬해 줄 수 있다면, 그것이야말로 부모가 한 뼘 더 성장했다는 가장 확실한 증거가 될 것입니다. **아이의 자부심을 지켜주는 그 길이, 결국 부모의 자부심이 되는 순간입니다.**

8

AI의 바다,
인간의 그릇

요즘처럼 AI가 빠르게 발전하는 시대에 '스마트폰을 절제하자'는 말은 시대착오적으로 들릴 수 있습니다. 어떤 사람들은 말합니다. "AI 시대에 뒤처지지 않으려면 더 자주 검색하고, 더 빨리 반응해야 하지 않겠냐"고요. 그 말은 절반만 맞습니다. 중요한 건, 그 모든 연결과 반응, 선택을 감당할 수 있는 '그릇'이 나에게 준비되어 있는가입니다.

AI는 바다와도 같습니다. 엄청난 정보와 가능성을 품고 있지요. 그 바다에서 누구나 원하는 만큼 퍼갈 수는 있지만, 결국 내가 가진 '그릇'만큼만 담아올 수 있을 뿐입니다. 누구는 사발로, 누구는 항아리로, 누구는 손바닥만 한 그릇으로 바닷물을 담아 옵니다. 그리고 이 그릇은 집중력, 사유력, 감정 조절력, 비판적 사고력, 자존감, 자기관리 능력 같은 것들로 이루어집니다. 이 모든 능력은 스마트폰을 어떻게 사용하느냐에 따라 자랄 수도, 망가질 수도 있습니다.

스마트폰은 무분별하게 쓰면 그릇을 찌그러뜨리고, 구멍을 내며, 성장 자체를 막습니다. AI라는 바다에서 의미 있게 살아가려면, 정보를 담을 그릇이 단단하고 건강해야 합니다. 그리고 그 그릇을 제대로 빚기 위해서는, 오히려 지금 이 시대에 더 절제가 필요한 이유입니다.

절제는 결핍이 아니라 준비입니다. 스마트폰을 줄이는 것은 세상과 단절하겠다는 게 아니라, 세상을 더 깊이 연결할 준비를 하겠다는 선언입니다. 스마트폰을 끄는 시간은 자신의 그릇을 다시 닦고, 키우고, 조율하는 시간입니다. 그 시간이 쌓여야 AI라는 바다에서도 흔들리지 않고, 자신만의 항해를 이어갈 수 있습니다.

9

보이지 않는 것이
보이는 것을 결정한다

『어린 왕자』의 여우는 "가장 중요한 것은 눈에 보이지 않아."라고 했지요. 단순한 시적 표현을 넘어 인간 삶의 본질을 꿰뚫는 통찰입니다. 우리가 눈앞에 보이는 현상만을 좇는 동안, 진짜 중요한 것은 늘 그 너머, 보이지 않는 곳에서 작용하고 있습니다.

부르디외는 이 원리를 '아비투스(habitus)'라는 개념으로 설명했습니다. 좋은 흐름의 아비투스를 가진 사람들은 언제나 겉으로 보이지 않는 흐름과 구조에 주목하며, '왜'라는 질문을 던집니다. 이들은 결과보다 원인을 보고, 현상보다 구조에 투자합니다. 반면, 안 좋은 흐름의 아비투스는 지금 눈앞에 보이는 성과, 수치, 외형에만 집착하며, 깊이 있는 본질은 간과합니다. 이 차이는 '빙산의 일각'이라는 비유로 명확해집니다. 눈에 보이는 부분은 빙산의 극히 일부일 뿐, 실제의 무게와 방향성은 물속 깊은 곳에서 결정되는 거지요. 타이타닉이 침몰한 것도, 눈에 보이던 '얼음 조각'이 아니라, 바닷속에 숨어 있던 거대한 빙산의 본체 때문이었습니다. 마찬가지로, 오늘날 우리의 교육, 문화, 성장 역시 눈에 보이는 성적, 스마트폰, 정

보량이 아니라, 보이지 않는 정서적, 생물학적, 인지적 기반 위에서 결정
되고 있습니다.

보통 수학을 잘하게 하려고 어렸을 때부터 수학 문제집을 풀게 하곤 한다. 하지만 우리는 조금 다른 길을 택했다. 수학 문제를 많이 푸는 것보다 먼저, **수학을 가능하게 만드는 보이지 않는 역량**을 기르는 것이 더 중요하다고 생각했기 때문이다. 우리에게 수학에서 가장 중요한 것은 문해력이었고, 그다음이 사고력과 창의력, 그리고 과제 집착력이었다. 하지만 사실 그보다 더 먼저 생각했던 것이 있다. 바로 **수학 정서**였다. 사람은 어떤 일을 시작하기 전에 먼저 그 일에 대한 **감정부터 떠올린다.** 뇌는 논리보다 감정을 먼저 처리한다. 어떤 과제를 마주했을 때 뇌 깊숙한 곳의 편도체는 먼저 이렇게 묻는다. 이건 안전한가, 아니면 위협인가? 만약 그 대상이 불안이나 좌절과 연결되어 있다면 뇌는 사고를 확장하기보다 **회피하려는 방향**으로 움직인다. 반대로 호기심과 기대가 연결되어 있다면 전전두엽이 활발하게 작동하면서 사고와 추론이 훨씬 잘 이루어진다.

그래서 우리는 아이가 수학을 처음 만나는 순간의 **감정 경험**을 매우 중요하게 생각했다. 수학을 처음부터 '해야 하는 공부'로 만나게 하기보다, **생각해 볼만한 흥미로운 대상**으로 만나게 하고 싶었다. 그래서 문제집보다 먼저 선택한 것은 **수학 동화**였다. 이야기를 통해 수학적 상황을 이해하고, 수학이 정답을 맞히기 위한 시험 문제가 아니라 세상을 이해하는 하나의 방식이라는 감각을 먼저 느끼게 하고 싶었기 때문이다. 이야기를 따라가다 보면 아이는 어느새 수학적 상황을 자연스럽게 받아들이게 된다. 그 과정에서 수학은 낯설고 두려운 대상이 아니라 **조금 신기하고 재미있는 세계**가 된다.

또 하나 중요하게 생각했던 것은 **과제집착력**이었다. 우리는 아이가 어떤 문제를 만났을 때 쉽게 포기하지 않는 경험을 쌓기를 바랐다. 그래서 일부러 쉽게 끝나지 않는 활동들을 마련하기도 했다. 어려운 문제 하나를 오래 붙들고 씨름하게 하기도 했고, 명화로 된 다소 난이도 있는 작은 퍼즐들을 자주 선택했다.

단번에 완성되지 않는 퍼즐을 맞추는 과정은 생각보다 많은 것을 가르쳐 준다. 아이는 여러 번 시도하고, 잠시 멈추고, 다시 시도한다. 그리고 마침내 마지막 조각이 맞춰지는 순간을 경험한다. 그 과정 속에서 아이의 몸에는 이런 감각이 남는다.

쉽지 않지만, 결국 해낼 수 있다.

이 감각은 매우 중요하다. 어려움이 나타났을 때 그것을 **포기의 신호가 아니라 생각의 시작**으로 받아들이게 만들기 때문이다. 레고 역시 비슷한 이유로 자주 활용했다. 머릿속에 떠올린 구조를 손으로 구현하는 과정은 생각과 손의 움직임이 함께 작동하는 **공감각적 사고**를 자극한다. 보드게임을 할 때는 자연스럽게 전략과 판단이 필요해진다. 아이는 놀이를 하고 있다고 느끼지만, 그 안에서는 이미 문제를 바라보고 해결하는 방식이 조금씩 자라고 있다.

이렇게 여러 경험을 통해 필요한 역량이 어느 정도 쌓이기 전에는 결과를 서두르고 싶지 않았다. 아직 준비되지 않은 아이에게 계속 달리기를 요구하면, 아이는 달리기를 배우기 전에 **달리기를 싫어하는 마음**부터 배우게 되기 때문이다.

그래서 어느 정도 준비가 되었다고 느껴질 때 그제서야 문제집을 천천히 접하게 했다. 그 과정 속에서 수학적 사고력은 조금씩 자라났고, 어느 순간부터 아이는 수학을 '해야 하는 것'이 아니라 **생각해볼 만한 것**으로 받아들이기 시작했다. 우리는 아이에게 수학을 좋아하게 만들려고 한 것은 아니다. 다만 수학 앞에서 **마음이 먼저 닫히지 않는 아이**가 되었으면 했다.

사실 많은 경우 아이들의 학습 문제는 능력의 문제가 아니라 **정서의 문제**에서 시작된다. 어릴 때부터 충분한 준비 없이 반복되는 좌절을 경험하면, 아이의 머릿속에는 수학이라는 단어와 함께 이런 감정이 저장된다. 어렵다. 틀리면 혼난다. 나는 잘 못한다.

이 감정이 쌓이면 문제를 풀기 전에 이미 마음이 위축된다. 뇌는 생각하기 전에 먼저 방어하려고 한다. 그렇게 되면 능력이 자랄 기회 자체가 줄어든다.

물론 인생에는 하기 싫은 일을 해야 하는 순간도 있다. 아이 역시 그런 힘을 길러야 한다. 하지만 그것은 어느 정도의 기본기와 마음의 근력이 쌓였을 때 가능한 일이다. 아직 힘이 없는 아이에게 계속 속도를 요구하면 아이는 결국 멈추게 된다. 우리는 종종 그 간극을 잔소리와 강압으로 메우려고 하지만, 그렇게 해서 생기는 것은 실력이 아니라 **학습에 대한 상처**일 때가 많다.

그래서 우리는 조금 돌아가는 길을 택했다. 당장 눈에 보이는 성과보다, **수학을 대하는 마음의 토대**를 먼저 만들고 싶었기 때문이다.

왜냐하면 결국 오래 가는 힘은 능력보다 **정서**에서 나오기 때문이다.

아이의 머릿속에 수학이라는 단어가 떠올랐을 때,

그다음에 이런 감정이 함께 떠오르기를 바랐다.

어렵지만 생각해 볼만하다.

시간을 들이면 풀 수 있다.

나는 해낼 수 있다.

우리는 바로 그 감각을 아이에게 남겨주고 싶었다.

Q
에나지의 꿀팁

"문제집은 결과를 보여주지만, 역량은 성장을 만든다."
수학의 시작은 계산이 아니라 이해다. 문해력·사고력·과제 집착력은 수학 문제집보다 아이의 연령대에 맞는 구체적이면서도 재미있는 도구를 찾는 것이 중요하다. 아이가 어려운 문제를 피하지 않게 하려면 '끝까지 해본 경험'을 먼저 만들어줘야 한다. 역량이 먼저, 결과는 나중이다. 이 순서가 바뀌면 학습은 무너진다.

10

성장은
불편을 먹고 자란다

예전에는 "소년이여, 야망을 가져라"라는 말이 익숙했습니다. 앞서 말한 것처럼 '야망'이라는 단어는 들판을 향해 나아가는 마음을 뜻합니다. 부모가 마련해준 안전한 온실을 떠나 스스로 나가고 싶어 하는 마음이야말로 성장의 본질이지요. 자녀가 독립하겠다면 섭섭할지도 모르지만, 때가 되었는데도 독립하지 않는 자녀는 부모와 원수 사이가 되기 마련입니다.

그런데 오늘날 '야망'이라는 말은 거의 쓰지 않는 표현이 되었습니다. 그 빈자리를 채운 밈이 바로 "이불 밖은 위험해."입니다. 부모가 마련한 컴포트 존(comfort zone)에 머물며, 그 안의 편안함과 자극에만 붙들려 사는 것입니다. 컴포트 존 너머의 두려움 지대(fear zone)를 뛰어넘으려고 하지 않으니 학습과 성장(learning zone, growth zone)이 발생하지 않습니다. 여기서 이상한 모순을 발견하게 되지요. 교육이란 이론과 실제를 모두 포함해야 하는데, 한국의 교육은 이론에 지나치게 치우쳐 있다는 문제점이 있는 건 누구나 아는 사실입니다. 그러니 명문대를 나와도 사회에 나

와서 적응이 어렵거나 재교육을 받아야 하는 경우가 대부분이지요. 하지만 그렇다고 하면 이론이라도 잘 알아야 할 거 아닙니까? 그런데 이론조차도 그다지 잘 아는 아이가 드뭅니다. **하루 종일 공부하는 듯 '공부의 모양'은 갖춰져 있는데, 진짜 '공부의 능력'은 없습니다.** 그 주된 이유로 스마트폰을 들 수 있지요. 스마트폰은 특유의 자극적 특성으로 편안함 지대(comfort zone)에 더 머물러 있고 싶게 만듭니다. 그러니 두려움 지대(fear zone)를 넘어갈 힘이 없고, 따라서 성장지대(growth zone)는 커녕 학습지대(learning zone)마저도 가지 못하는 패턴이지요.

마르쿠제가 말한 '1차원적 인간'이란, 바로 이런 상태를 가리킵니다. 가능성(2차원)을 잃고 눈앞의 쾌락(1차원)에만 반응하는 존재 말입니다.

미디어와 스크린이 주는 강력한 자극은 '들판'으로 향하는 호기심과 불편을 견디는 힘을 약화시킵니다. 마치 고요한 바람이 부는 평야 대신, 시끄럽고 화려한 실내에서만 사는 것과 같습니다.

허즈버그의 2요인 이론에서는 인간의 동기를 만드는 요인을 2가지로 나누면서, **불만을 줄인다고 해서 만족이 높아지는 게 아니라**고 했지요.

- **불만을 줄이는 요인:** 환경을 불편하지 않게 만드는 것. 급여 인상, 복지 확충, 사무실 온도 조절처럼 '없으면 불만이 커지지만 있다고 해서 동기가 커지지 않는 것'들입니다.

- **만족을 높이는 요인:** 성취감, 성장, 인정, 의미 있는 일처럼 내면을 채우는 것들입니다. 이것들이 있어야 사람은 몰입하고 스스로 움직입니다.

회사에서 복지를 늘린다고 해서 직원들이 창의적으로 변하는 것은 아닙니다. 마찬가지로, 초등학교 고학년쯤 된 자녀에게 스마트폰을 사준다고 해서 공부나 자기 계발에 더 힘쓰는 것은 아닙니다. 스마트폰은 '불만을 줄이는 요인'에 가깝습니다. 또래와의 소외감을 줄여줄 수는 있지만, 그것이 곧 내적 동기로 연결되지는 않습니다.

여기에 외적 보상과 내적 보상의 선택이 더욱 중요해집니다.

- **외적 보상:** 스마트폰, 용돈, 게임 시간처럼 바깥에서 주어지는 보상. 즉각적이고 눈에 보이기 때문에 이해하기 쉽고, 효과도 빠르게 나타납니다. 하지만 반복될수록 더 강한 자극이 필요하고, 사라지면 동기도 쉽게 꺼집니다.
- **내적 보상:** 성취감, 몰입의 즐거움, 배우는 재미처럼 눈에 보이지 않지만 오래 지속되는 보상. 스스로 추진력을 만들고, 상황이 변해도 무너지지 않는 힘입니다.

문제는 인간이 **역학적으로 눈에 보이는 것에 더 쉽게 매달리는 존재**라는 점입니다. 눈에 보이지 않는 게 보이는 것을 결정하는 세상에서, 우리는 눈에 잘 띄는 보상—트로피, 점수, 금전, 물건—에 쉽게 반응합니다. 반면 내적 보상은 애매하게 느껴집니다. 과정에서 투자한 노력과 시간이 당장 눈에 보이는 결실로 연결되지 않는 경우도 많습니다. 설령 효과가 있더라도, 그 결실이 나타나기까지는 매우 오랜 시간과 꾸준한 노력이 필요합니다.

이 지점에서 **내적 보상을 유지하는 가장 중요한 조건**은 '내가 어떤 방향을 향해 노력하고 있는지에 대한 실감'입니다. 이 실감이 없다면, 보이지 않는 보상을 위한 과정은 쉽게 지루하고 무의미하게 느껴집니다. 아이들이 공부나 취미에 오래 몰입하지 못하는 이유 중 하나도 여기에 있습니다.

부모의 역할은 단순히 스마트폰을 사주느냐 마느냐가 아니라, 그 이후에도 **내적 보상을 느끼는 습관과 방향감**을 키워주는 것입니다.

- 성취 경험이 쌓이는 작은 목표를 자주 만들고,
- 그 과정에서 배운 것과 성장한 점을 눈으로 확인할 기회를 주며,
- 오프라인에서 몰입할 수 있는 활동과 관계를 적극적으로 설계해야 합니다.

이 부분과 관련해서는 저희의 전 저서인 『호시탐탐 내 아이 진로 찾기』에서 소개한 방법과 사례를 참고해 보시면 좋겠습니다. 아이가 자기 방향성을 발견하고, 그 과정에서 내적 보상을 실감할 수 있도록 돕는 방법을 활용하는 게 좋습니다.

물리학에서 물체를 앞으로 움직이게 하려면, 마찰을 줄이는 것(외적 불만 해소)만으로는 부족합니다. 반드시 순수한 추진력(내적 동기)이 있어야 합니다. 자녀 교육도 마찬가지입니다. 내적 보상이라는 추진력이 있어야, 외부 환경이 변해도 방향을 잃지 않고 스스로 들판을 향해 걸어갈 수 있습니다.

11

편한데 불행하고
불편한데 행복하다

언뜻 보면 편안해야 행복할 것 같습니다. 그러나 편안함은 결국 고통으로 이어집니다. 교도소의 가장 무거운 형벌이 독방인 이유도 바로 여기에 있습니다. 밥을 주고, 침대를 주고, 아무런 위험도 없는 가장 '편한' 공간이지만 아무 자극도 없는 상황에서는 사람이 미쳐버립니다. 인간은 불편과 마찰 속에서만 살아 있음을 느끼기 때문입니다. 물론 아이들은 편하면서도 자극이 있는, 이불 속에서 스마트폰을 보면서 맛있는 걸 먹는 환경을 행복이라 떠올릴 겁니다. 그러나 생계 걱정 없이 이렇게 살 수 있는 사람은 거의 없고, 있다손 치더라도 그 자극 자체가 얼마 안 가 시들해져서 불행해지고, 남는 것은 생각할 틈을 빼앗긴 공허와 안일함만 반복하는 나날입니다. 결국에는 더 강한 자극을 찾다가 중독의 길로 빠져 더 불행해집니다.

사이먼 사이넥의 골든 서클 이론이 말하듯, 좋은 흐름은 반드시 왜(Why)에서 출발합니다.

- **왜?:** 내가 이 일을 하는 근본적 이유, 명분(cause).

- **어떻게?:** 그 이유를 실현하기 위한 구체적 방식.

- **무엇을?:** 그래서 실제로 만들어내는 결과.

반대로 나쁜 흐름은 무엇(What)부터 시작합니다. 왜 해야 하는지 묻는 것을 귀찮아하기 때문이지요. 가끔은 '어떻게(How)'까지는 가지만, 정작 '왜(Why)'를 모르면 중요한 순간에 힘을 잃습니다. 힘, 에너지는 오직 왜에서 나오기 때문입니다.

물론 인생에는 이유를 알기도 전에 맞닥뜨려야 하는 일들이 있습니다. 인간은 살아가는 동안 '왜 사는지'를 분명히 알지 못한 채 눈앞의 과제들을 처리하기도 합니다. 그러나 항상 왜에 대한 안테나를 곧게 세운 사람은 결국 좋은 흐름을 자기 쪽으로 끌어옵니다. 명분의 강도에 따라 에너지의 강도가 달라지기 때문입니다. 단순히 "돈을 벌기 위해서", "행복해지기 위해서"라는 동기는 스스로와 타인을 강하게 설득하지 못합니다. 반면 '선한 명분'을 우선시하는 기업이나 개인은 사람들을 설득시키는 힘을 얻고, 그 명분 자체가 강력한 추진력이 됩니다.

따라서 시대의 흐름에 무비판적으로 휩쓸려가는 스크린 세대는 늘 불리한 위치에 서게 됩니다. **편하고 재밌지만, 생각할 틈이 없으니 why를 묻지 않습니다. why가 없으니 방향도 잃고, 힘도 잃습니다.** 반대로 시대를 거슬러 연어처럼 살아가는 사람들은 비록 불편할 때가 많지만, 자신이 왜 이 길을 걷는지 분명히 알기에 스스로를 설득할 수 있고, 그만큼 행복도가 높습니다.

결국 삶은 편즉불행(便卽不幸), 불편즉행(不便卽幸)의 역설 속에 서 있습니다. 편안함은 잠시 달콤해도, 그 끝에는 무력함과 불행이 기다립니다. 반대로 불편은 순간 버겁지만, 그 속에서 에너지가 솟고 방향이 생기며, 궁극적으로는 더 깊은 행복에 다다르게 됩니다.

똘망군은 어렸을 때부터 질문이 많은 아이였다. "개미는 왜 자꾸 땅속으로 들어가요?", "왜 1은 그냥 1이에요?" 일상 속 사소한 장면에서도 궁금한 것이 끝없이 쏟아졌다. 나는 그때마다 신이 나서 바로 네이버를 찾아 답을 알려주곤 했다. 그런데 남편은 이런 내 모습에 종종 제동을 걸었다. "바로 찾아서 알려주지 말고, 먼저 스스로 생각해 보게 하자. 그래도 궁금하면 그때 백과사전을 찾게 해줘." 그 말에 나는 비로소 깨달았다. 아이에게는 **정답보다 '생각을 머금는 시간'이 더 중요하다는 것**, 그리고 그 시간이 사고를 확장시킨다는 사실을 말이다. 그 이후로 우리는 인터넷이 있음에도 불구하고 지식인보다 책을 먼저 찾게 했고, 모르는 단어가 나오면 사전을 통해 직접 찾아보게 했다. 분명 불편했다. 하지만 그렇게 얻은 지식은 훨씬 오래, 더 깊이 남았다.

나는 학교에서 한문을 가르칠 때도 마찬가지다. 한자를 바로 설명해 주지 않는다. 아이들이 스스로 사전을 펼쳐 뜻을 찾고, 관련 어휘와 예문까지 함께 찾아보게 한다. 내가 알려주는 것이 훨씬 빠르고 편하다. 그러나 그 불편함을 통과한 지식은 결국 아이들 안에서 '남의 것'이 아니라 **자기 것이 된다**는 것을 나는 확신하게 되었다.

🔍

에나지의 꿀팁

성장은 편안함이 아니라, 불편함을 통과하며 만들어진다. 아이의 질문에 **바로 답해주지 말고,** 먼저 생각할 시간을 줘라. 그 침묵의 시간이 사고를 키운다. 인터넷보다 **사전과 책을 먼저 찾게 하라.** 불편하지만, 기억은 훨씬 오래 남는다. 지식을 '알게 하는 것'보다 <u>스스로</u> **찾아서 갖게 하는 경험을** 더 많이 설계하라. 빠른 정답은 부모의 만족을 주지만, **불편을 견딘 지식만이 아이의 실력이 된다.**

12

연어의 아비투스를
갖춰라

'집'은 아비투스를 형성하는 가장 근본적인 장소입니다. 집 안의 말투, 분위기, 시간의 흐름은 가족 구성원의 삶 전반에 큰 영향을 줍니다. 말하자면, 지혜로운 집은 그 자체로 인생의 방향성을 만들어가는 '보이지 않는 힘'을 품고 있습니다.

그렇지만 좋은 아비투스를 만들어가는 길은 결코 쉽지 않습니다. 여기서 우리는 '업스트림(Upstream)'과 '다운스트림(Downstream)'이라는 흐름의 개념을 떠올릴 수 있습니다. 스마트폰이나 미디어를 따라가며 조용히 단절되어 가는 가족의 모습은 강물을 따라 흘러가는 다운스트림처럼 편하고 자연스럽습니다. 반면, 진정한 대화를 회복하고 정서적 유대를 쌓아가며 삶의 방향을 성찰하는 과정은 거슬러 올라가는 업스트림의 여정과도 같습니다. 불편하고 어색하지만, 바로

그 흐름 속에 성장과 회복이 있습니다. 거꾸로 강을 거슬러 오르는 연어가
생명을 만들어내는 것처럼 말이지요.

13

권위가 있어야
권위적이지 않다

지금의 부모 세대가 어린 시절이었던 1980년대 후반까지는 권위적이고 두려움을 기반으로 한 양육 방식이 일반적이었습니다. 이 시기의 부모님들은 "말대꾸하지 마라", "맞아야 정신 차린다" 식의 명령과 통제를 자연스럽게 여겼습니다. 아동의 감정보다 질서와 복종을 중시하던 시대였지요. 그러나 1990년대 이후, 특히 2000년대 초반부터 변화가 본격적으로 일어나기 시작했습니다. 인지 심리학, 발달 심리학, 그리고 아동 중심 교육철학이 사회 전반에 영향을 미치면서, '따뜻한 육아'가 이상적인 육아 방식으로 자리 잡게 되었습니다. 존 볼비(John Bowlby)의 애착 이론, 피아제(Jean Piaget)와 비고츠키(Lev Vygotsky)의 발달 이론, 그리고 최근의 뇌 과학 연구들은 아이를 하나의 독립된 인격체로 존중하고 감정적으로 안정된 환경을 제공하는 것이 중요하다는 인식을 확대시켰습니다. 덕분에 과거보다 아동 학대적인 요소는 많이 줄어들고, 아동의 복지와 권리에 대한 사회적 인식은 크게 향상되었지요.

그러나 그 이면에는 가정과 학교에서의 권위가 약화되는 현상이 나타났습니다. 부모님이나 교사의 말은 '지켜야 할 규범'이라기보다는 '협상의 대상'이 되는 경우가 많아졌으며, 그 결과로 신뢰받는 권위 자체가 흔들리고 있습니다. 친근한 사이가 되자는 거지, 우습게 보고 함부로 대해도 된다는 게 아닌데 말입니다.

이쯤에서 '권위(authority)'라는 개념에 대해 다시 생각해 볼 필요가 있습니다. 어린 시절에는 분명한 규칙과 기준이 필요합니다. 부모의 권위는 단단해야 하고, 허용의 범위는 좁아야 합니다. 하지만 아이가 자라면서는 부모가 조금씩 더 믿어주고 허용해 주는 폭을 넓혀야 하지요. 동시에, 아이가 언제든 마음을 열 수 있는 친근감과 따뜻함은 꾸준히 유지되어야 합니다. 이것이 바로 '믿을 수 있는 권위(Authoritative)'입니다.

반대로 좋지 않은 흐름도 있습니다. 어릴 때는 무조건 허용하다가 문제가 생기자 갑자기 억압적인 방식으로 돌변하는 경우입니다. 즉, 지나치게 허용적인 상태(Permissive)에서 강압적 권위(Authoritarian)로 바뀌는 것이지요. 더 안 좋은 경우는 결국 아이를 포기하고 방치(Uninvolved)하게 되는 흐름입니다.

이런 맥락에서 미디어 사용 문제를 보아야 합니다.

우리는 종종 권위를 강압적이고 폐쇄적인 권위(authoritarian)로만 이해하기 쉽습니다. 하지만 진정으로 필요한 권위는 신뢰할 수 있고 따뜻하며 방향을 제시하는 권위(authoritative)입니다. 부모들은 이미 자녀에게 물질적·정서적으로 높은 수준의 혜택과 지원을 제공하고 있습니다. 그렇기에 그에 걸맞은 신뢰받을 수 있는 권위 역시 가져야만 합니다.

물론 부모님의 모든 말씀이 항상 옳을 수는 없습니다. 그러나 그런 불완전함마저도 포용할 수 있는 권위가 필요합니다. 권위는 질서의 문제이기 때문입니다. 질서가 없는 사회에서 행복하기 어렵듯, 가정도 마찬가지입니다. 자녀가 부모님의 실수를 경험하면서도 여전히 신뢰할 수 있는 관계를 유지할 때, 가정은 건강하게 유지될 수 있습니다. 회사에서 팀장이 아무런 권위를 세우지 못할 때 조직이 혼란에 빠지듯, 가정에서 부모 말의 권위가 없으면 반드시 불행해집니다. 특히 스마트폰 사용 문제에서 부모님의 권위가 자주 위협받고 있습니다.

이런 구조에서 모든 것을 금지하는 방식은 오히려 자녀의 반발만 키우게 됩니다. 창세기의 하나님께서 선악과 하나만 금지하고 나머지는 자유롭게 했던 원리처럼, **핵심적인 1가지 원칙만 명확히 세우고 나머지는 자율성을 주는 방식이 바람직합니다.** 그래야 억압이 아닌 사랑과 신뢰에서 비롯된 권위로 받아들여질 수 있습니다.

14

대화는 가족의 '메타인지'다

『호시탐탐 내 아이 진로 찾기』에서 '진로'란 단순히 직업을 선택하는 문제가 아니라, 급변하는 세상 속에서 유연하게 방향을 설정하고 끊임없이 새 길을 찾아 나서는 능력이라고 말한 바 있습니다. 이 진로 탐색은 자녀만의 몫이 아닙니다. 부모 역시 자신의 삶을 끊임없이 갱신하고, 변화에 적응하며 스스로의 진로를 꾸준히 탐색해야 합니다.

이 과정에서 가족 간의 대화는 하나의 '메타인지'가 됩니다. 스스로 보지 못한 관점을 가족의 언어를 통해 비추어보는 것입니다. 자녀가 놓친 기회를 부모가 알아채 주고, 부모가 지나치는 가능성을 자녀가 새롭게 조명할 수 있습니다. 마치 깨달은 자의 이마에 있는 제3의 눈처럼, 가족 간의 대화는 서로의 눈에 보이지 않는 길을 열어주는 '지혜의 장비'가 되어 줍니다. 이 무기를 장착한 가정은 변화하는 세상 속에서도 훨씬 더 유리하게 흐를 수 있습니다. 만약 이 대화를 잃는다면, 가족의 정서적 유대감만이 아니라 진로적 방향성, 경제적 가능성, 인생의 전략적 통찰—이 함께 마르기 시작합니다. 아이의 잠재력이 발견되지 못한 채 묻히고, 부모의 삶 또한 새로운 전환점을 만나지 못한 채 일상에 갇히게 됩니다.

이런 점에서 가족 대화의 회복은 곧 가정 전체의 '업스트림 전략'이 됩니다. 삶을 성찰하고, 서로를 격려하며, 다음의 가능성을 열어가는 대화는 가정의 문화를 바꾸고, 아비투스를 바꾸며, 결국 세대를 이어가는 힘이 됩니다. 좋은 아비투스는 우연히 생기지 않습니다. 물론 대화가 없던 집이 갑자기 대화하기는 어렵지요. 디지털 식민지의 상태에서는 어쭙잖게 한두 마디 던져보다가 서로 무안해서 더욱 대화가 끊어지게 될 수도 있습니다. 그러니 대화를 위해서라도 먼저 스마트폰이라는 블랙홀을 제거해야 합니다. 그 금단증상을 잘 이겨내기만 한다면, 잠시 어색한 시간이 있겠지만 결국에는 서로 대화가 자연스럽게 늘어나게 될 겁니다. 이렇게 생긴 조그만 흐름은 분위기뿐 아니라 인생의 진로와 가능성을 바꾸는 거대한 방향 전환이 될 수 있습니다. 그 대화 한 줄이, 가족의 미래를 뒤바꾸는 제3의 눈이 되어줄 겁니다.

15

대화가 막히는 이유, 작용 반작용

가족 간의 대화가 사라지면 훈계와 잔소리만 간혹 오가게 되는데, 이런 방식은 반드시 역효과를 불러옵니다. '책 좀 읽으라'고 한다면 더욱 책을 읽지 않게 되지요. A를 하지 않게 하는 가장 좋은 방법은 A를 잔소리로 하는 것입니다. 물리학의 기본 법칙 중 하나인 작용과 반작용의 원리를 떠올려 보면 쉽게 이해할 수 있습니다. 세상의 모든 힘은 반대 방향의 반응을 만들어냅니다. 따라서 부모가 자녀에게 강하게 '작용'을 가하면, 자녀가 '반작용'하는 것은 자연스러운 이치입니다. 부모 입장에서는 "잘되라고 하는 말인데 왜 자꾸 반대로 행동할까?" 싶지만, 자녀는 그 작용을 간섭이나 통제로 받아들이며 반발하게 되는 것입니다. 세상에 작용—작용의 법칙은 없고 작용 반작용의 법칙이 있을 뿐입니다. '아닌데? 우리 집은 아이가 잘 받아들이는데?'라고 생각하신다면, 첫째 아이의 자아가 아직 형성되지 않은 시기이거나, 부모가 너무 강해서 자녀가 속으로 반작용을 숨기고 있거나, 또는 매우 강한 친밀감과 신뢰가 반작용을 줄여주는 상태일 수 있습니다.

작용-반작용은 자아가 자라는 신호

부모의 말에 자녀가 반응하지 않거나 반항적으로 행동하는 것을 대부분 심각한 문제처럼 여깁니다. 하지만 사실 이 현상 자체는 꼭 나쁘거나 위기의 신호라고만 볼 수 없습니다. 오히려 자녀의 내면에 자아가 건강하게 형성되고 있다는 증거로 해석할 수 있습니다. 자녀가 자율성과 독립된 사고를 키워가는 과정에서 반작용을 보이는 것은 자연스러운 현상입니다. 성장기 자녀는 '나'와 '타인'을 분리하며, 독립된 인격체로 나아가려는 움직임을 보이게 됩니다. 어느 정도의 의견 충돌이나 갈등은 오히려 정상적인 발달 과정의 일부입니다. 더 우려해야 할 상황은 이런 반작용조차 나타나지 않고, 부모의 의도에 그대로 따르기만 하는 작용—작용의 관계가 지속되는 경우입니다. 겉보기에는 착한 아이, 순응적인 자녀처럼 보일 수 있지만, 이는 자녀가 스스로의 사고를 멈추고 부모의 생각을 무비판적으로 받아들이는 상태일 수 있습니다.

이런 상태가 지속되면 자녀는 부모로부터 심리적으로 독립하지 못하고, 자신의 가치와 판단을 형성하는 능력이 약해집니다. 실제로 우리 사회에서 나타나는 '캥거루족', '은둔형 외톨이' 현상은 단지 게으름이나 의지 부족의 문제가 아닙니다. 그 이면에는 종종, 자기결정 경험 없이 성장해 온 결과, 과잉보호와 순응적 교육의 부작용이 자리 잡고 있습니다. 실제로 '히키코모리'를 연구한 사회학자 타마키 사토시는 "갈등을 겪지 못하고 자란 청년들이 성인이 되어 사회의 작은 마찰조차 감당하지 못해 스스로를 고립시킨다"고 말합니다. 자녀가 부모와 다르게 생각하고, 갈등을 드러내고, 때로는 반발하는 일은 오히려 심리적 독립성과 사고력 발달의 자연스러운 증거일 수 있습니다. 문제는 갈등 자체가 아니라, 그 갈등을 어떻게 다루느냐입니다.

부모가 자녀의 반작용을 두려워하지 않고 그것을 하나의 자기 형성 과정으로 받아들일 때, 오히려 자녀는 더 성숙한 방식으로 자율성과 책임을 갖춘 존재로 성장할 수 있습니다. 갈등을 피하려 하지 말고, 그 안에 숨어 있는 자녀의 성장 신호를 읽어내는 것이 지혜로운 부모의 작용입니다.

작용-반작용은 추진력이 된다

작용—반작용의 법칙은 단지 갈등을 낳는 힘이 아닙니다. 오히려 이 원리를 제대로 활용하면 삶에 강력한 추진력을 만들어낼 수 있습니다. 실제로 우리가 앞으로 나아갈 수 있는 모든 운동의 원리는 작용—반작용에서 나옵니다. 걷기나 달리기는 발을 뒤로 밀며 지면을 밀치는 반작용 덕분에 전진하고, 수영이나 로켓 역시 뒤로 미는 작용에 대한 반작용으로 앞으로 나아가게 됩니다. 억지로 끌어당기려는 작용은 반작용을 낳지만, 지면을 미는 것처럼 자연스럽고 정중한 힘, 뿌리를 적시는 꾸준한 실천의 물은 오히려 자녀를 앞으로 나아가게 하는 에너지가 됩니다. 이 원리를 바르게 이해하고 활용하는 가정은, 시간이 갈수록 관계의 활력, 대화의 회복, 진로의 방향까지 함께 얻는 '추진력 있는 집'이 될 수 있습니다.

모든 가정의 아비투스는 다르고, 부모와 자녀의 기질도 천차만별입니다. 그래서 정해진 하나의 방식은 없습니다. 하지만 부모가 먼저 실천하고 말은 줄이는 것이 훨씬 효과적이라는 사실만큼은 분명합니다. 아이의 스마트폰 사용을 문제 삼기 전에, 부모가 먼저 스스로의 미디어 습관을 돌아보는 것입니다. 아이가 책을 읽지 않는다면, 함께 있는 공간에서 부모가 먼저 책을 펼치는 것이 더 큰 메시지를 전달합니다. 진심은 말보다 오래 남고, 아비투스는 잔소리보다 실제적으로 작용합니다.

'다운스트림'의 육아 흐름은 다음과 같습니다. 어린 시절엔 스마트폰 하나 쥐여주면 잠시 고요해지고, 학원도 많지 않으니 손이 덜 갑니다. 그러다 중·고등학교가 되면 갑자기 시간과 돈을 쏟아붓지만 효과가 나지 않습니다. 물길을 거슬러 오르지 않고, 그저 아래로 흘러가는 방식입니다. 초반에는 편하지만 나중에는 불행하고, 되돌리기 늦은 상황이 되지요. '업스트림' 육아는 반대입니다. 좁고 거센 상류에서 먼저 힘을 쓰면, 나중에는 고요하고 넉넉하게 흐를 수 있습니다. 아이가 어릴 때야말로 부모의 시간과 정성이 가장 필요한 시기입니다. 미디어가 절제된 집에서 자란 아이는 심심해합니다. 그래서 수시로 부모를 부르고 귀찮게 합니다. 이때 업스트림 부모는 책을 골라주고, 함께 읽어주며, 실패와 성공을 오가는 독서 경험을 쌓게 합니다. 주말이면 체험 현장이나 박람회를 찾아다니고, 예체능을 꾸준히 하게 하여 정서의 뿌리를 깊게 내리게 합니다.

물론 가정마다 재정적 상황은 다릅니다. 하지만 1가지 원칙은 모든 부모가 기억했으면 합니다. 수익보다 자녀와 함께할 시간이 더 우선되어야 한다는 것입니다. 예컨대 제가 한 달에 400만 원을 벌 수 있다면, 350만 원, 300만 원을 벌더라도 아이와 시간을 보내는 쪽으로 조정하겠습니다. 이 시기는 아이의 평생을 바꿀 수 있고, 거기에 가정의 운명이 달려 있다고 해도 과언이 아니기 때문입니다. 심지어 돈이라는 측면에서도 이 방식이 더 이득이 됩니다. 미디어에 많이 노출되면서 자란 아이는 나중에 많은 돈을 학원비 등에 사용하더라도 별로 효과를 보지 못할 것이기 때문입니다.

부모가 바쁠 경우 아이를 할아버지·할머니께 맡기는 경우가 많습니다. 물론 사랑으로 잘 돌봐주시지만, 미디어 환경 측면에서는 아쉬움이 있습니다. 하루 종일 TV가 켜져 있는 경우가 많기 때문입니다. 그분들에겐 TV가 중요한 동반자이지만, 아이에게 어떤 영향을 미치는지는 잘 모르시기에 이런 현상이 벌어집니다. 맞벌이를 하던 저희 집의 경우, 이 문제를 피하고자 꽤 많은 비용을 들여서라도 미디어 노출이 최소화되는 환경에 아이를 맡겼습니다. 엄마가 먼저 퇴근하면 집에 와서 계속 책을 읽어주다가, 아빠가 퇴근하면 엄마는 지쳐 먼저 잠들고, 아빠는 옷도 갈아입지 않은 채 새벽까지 책을 읽어주었습니다. 그때 들인 수고와 돈 덕분에, 아이는 자라면서 오히려 부모의 수고를 덜 필요로 하는 방향으로 자랐습니다. 상류에서 흘린 땀방울이 잔잔한 호수로 바뀐 셈입니다.

물길은 위에서부터 바뀝니다. 그리고 아이의 인생도, 위에서부터 빚어집니다. 가정을 심심함의 여백으로 채우는 것은 운동에너지로 바뀔 위치에너지를 확보하는 원리와 같다는 걸 명심해야 합니다.

영적인 역학, 말보다 방향

이런 반작용의 원리를 아는 부모는 진심으로 원하는 것일수록 말로 직접 지시하지 않습니다. 대신 어디에 힘을 써야 하는지를 알고, 보다 근본적인 곳에 작용합니다. 일상의 대화는 힘을 빼고, 목적 없는 small talk로 흘러가야 합니다. 특정 목적을 담아 대화를 시작하면 자녀의 자아는 곧 알아채기 때문입니다. "아, 알겠다고요!" 이렇게 방어막이 올라가고, 대화는 이미 목적과 반대로 흘러가기 시작합니다.

이 원리를 나무와 열매에 비유해 보면 더 명확합니다. 부모가 원하는 열매—열심히 하기, 예의 바르게 말하기, 바른 자세, 스마트폰 사용 줄이기—는 나무 끝에 매달린 결과물입니다. 그런데 많은 부모는 열매가 잘 자라길 바라며, 열매에 직접 물을 붓습니다. 그러나 물을 열매에 붓는 순간, 열매는 썩습니다. 물을 줘야 할 곳은 열매가 아니라 뿌리고, 그 뿌리는 자녀의 마음입니다. 이해받고 싶고, 존중받고 싶고, 자기 세계를 알아주었으면 하는 마음. 이 마음이 먼저 촉촉해져야 열매는 건강하게 자랍니다. 공감과 신뢰, 그리고 부모 스스로의 삶 속 실천이야말로 뿌리에 스며드는 물입니다.

여기에 small talk는 맥주의 거품과 같습니다. 거품은 쓸데없는 부분처럼 보이지만 음료 안의 탄산이 빠져나가지 않게 보호하는 역할을 합니다. 가족 사이의 목적 없는 대화도 마찬가지입니다. 언뜻 자잘하고 의미 없어 보일 수 있지만, 그 거품 같은 대화가 가족의 에너지와 친밀감을 지켜줍니다. 뿌리를 적시는 물과 거품 같은 대화가 있어야 아이는 건강한 나무처럼 자라고, 가족은 깊고 풍성한 맛을 오래도록 함께 누릴 수 있습니다.

공부보다 '문화'가 먼저

사춘기는 "학교 공부가 우선"이라는 고정관념에서 벗어나야 하는 시기입니다. 물론 공부가 중요하지 않다는 뜻은 아닙니다. 다만 공부라는 개념을 '학교 과목'에만 한정할 필요가 없다는 것입니다.

중국에서는 '공부'를 쿵후(功夫)라고 부르는데, 이는 단순히 학문이 아니라 모든 기술과 능력을 익히는 과정을 의미합니다. 오늘날에는 무술 용어로 더 유명하지만, 원래는 음악, 요리, 예술, 대인관계 기술까지 포괄하는 표현이었습니다. 사춘기 자녀에게 필요한 '공부'도 마찬가지입니다. 시험 대비 공부만이 아니라, 함께 살아가는 문화, 자기관리 습관, 책임감 있는 디지털 활용 같은 삶의 기술을 배우는 것이 진짜 공부입니다.

이 시기의 아이들은 지식을 '암기'하는 것보다, 가족과의 대화 속에서 스스로 생각을 정리하고 세상을 이해하는 힘을 키우는 것이 더 중요합니다.

그래서 부모가 자녀와 나누는 스몰 토크, 즉 하루를 돌아보는 짧은 대화, 뉴스나 친구 관계에 대한 가벼운 이야기는 단순한 잡담이 아닙니다. 이런 대화를 통해 가족 전체의 메타인지, 즉 서로의 생각과 감정을 이해하고 조율하는 능력이 자라나는 것입니다. 결국 사춘기의 공부는 교과서보다 문화와 대화 속에서 익히는 삶의 쿵후라고 할 수 있습니다.

16

대화의 문이 닫혔다면,
'친근감'부터

처음엔 까다롭고 무섭게만 느껴지던 사람이 가끔 따뜻한 면모를 드러낼 때, 그 사람에게 급격히 호감을 느끼곤 합니다. 학교에서 무서운 선생님이 학생들에게 가장 오래 기억되는 경우도 같은 원리입니다. 반대로 처음에는 친절하고 좋은 사람처럼 보였는데 점점 다른 모습이 드러나면 실망감이 크게 다가오지요. 기대치의 흐름이 사람의 호감도를 바꿔 놓는 것입니다.

부모와 아이는 어떨까요? 안타깝게도 후자의 흐름이 더 많습니다. 아이들이 어릴 때는 귀엽고 말도 잘 들으니, 부모와 좋은 관계가 되지요. 그러나 사춘기가 되면서 자아가 생기고 반작용이 발생하고, 외모도 변하는 한편 해야 할 일들이 늘어나니 갈등이 커집니다. 어릴 때 따뜻했던 부모가 갑자기 강압적이 될 때, 아이들이 느낄만한 당혹감을 생각해 볼 필요가 있습니다. 물론 부모들은 "지가 제대로 하면 내가 이렇게 안하지"라고 생각할 수 있지만, 인간의 눈이 바깥만 향해 있듯이 인간은 스스로를 볼 줄 모릅니다. 이런 면에서는 어른도 마찬가지지요. 앞서 얘기했던 것처럼 이런 상황에서는 강압적으로 접근하면 문제가 더 커질 뿐이니, 아이를 인격체로 존중하고 친근감을 회복하는 게 우선순위입니다. 이 상황이 예방될 수 있으면 더 좋았겠지만, 이미 문제가 발생했으니 아이를 '세워줘야' 부모의 바람이 담길 수 있겠지요. 아이를 아이로 대하지 말고 문제를 해결할 수 있는 어른으로 대할 때에야 스마트폰 문제 또한 풀려나갈 수 있습니다. 물론 시간이 많이 걸리겠지만 지금으로서는 이게 유일한 방법입니다. 그렇다고 자책할 필요는 없습니다. 오히려 스마트폰 때문에라도 부모의 세계가 넓어지고, 자녀와의 관계가 회복되는 놀라운 계기로 삼을 기회가 되니까요.

좋아하는 콘텐츠에 먼저 다가가기

헤겔은 인간의 성장을 정·반·합(正反合)의 변증법으로 설명했습니다. 내가 옳다고 여기는 정(正)이 반드시 옳지만은 않다는 걸 드러내는 반(反)이 등장하고, 이 둘이 씨름하는 과정에서 문제를 해결한 합(合)이 나타나지요. 그리고 그 합은 다시 새로운 정이 되어 또다시 반과 부딪히며, 발전은 이 순환 속에서 이루어집니다.

생각해 보면 반(反)은 불편하고 때로는 상처처럼 다가오지만, 결국 나를 성장시키는 고마운 존재입니다. 반대로 '내가 옳다'는 확신은 안락할지 몰라도 그 안에 머물면 세계를 닫아버리는 위험이 있습니다. 흔히 '꼰대'라 불리는 모습이 바로 그렇습니다. 나이가 많고 적음을 떠나, 누구든 자신의 세계에만 갇혀 새로운 세계를 받아들이지 못하면 결국 성장을 멈추게 됩니다.

영화 〈에브리씽 에브리웨어 올 앳 원스〉에서 조이는 이렇게 말합니다.

"옳음은 두려워하는 자들이 만들어낸 좁은 상자야. 그 상자에 갇히는 기분은 내가 알지."

자녀가 하루 종일 스마트폰만 붙잡고 있는 것처럼 보이더라도, 그 안에는 그들만의 세계가 있습니다. 유튜브, 게임, 웹툰, 밈… 그 모든 콘텐츠가 단순한 시간 낭비가 아니라 아이들이 열광하는 하나의 우주입니다. 중요한 건 "저게 왜 좋아?", "거기에 어떤 생각이 담겨 있을까?"라는 물음으로 다가가는 태도입니다. 이건 단순히 아이를 이해하기 위한 몸짓이 아니라, 부모 스스로 자신의 세계를 확장하는 기회가 됩니다.

관심을 '가져주는 척' 하는 것과, 진짜로 알려고 하는 자세는 다릅니다. 부모가 아이돌의 별명이나 게임 속 아이템 같은 세부 용어를 내면화하고, 적절한 맥락에서 자연스럽게 언급하면, 아이는 "내 세계가 존중받는구나"라는 강력한 신호를 받습니다. 누구나 자신이 잘 아는 언어를 들으면 반응하기 마련이니까요. 처음엔 "이렇게까지 해야 하나?" 싶지만, 이것이야말로 부모의 세계를 넓히고 아이의 세계에 스며드는 길입니다.

가능하다면 작은 리추얼을 만들어보면 좋습니다. 예를 들어 토요일 아침에 아이와 함께 게임을 하거나, 주말 저녁에 같이 영상을 보는 시간처럼 말이지요. 아이가 처음에는 어색해하고 거부할 수도 있습니다. 하지만 꾸준히 질문하고 배우려는 모습을 보이다 보면, 잃었던 친근감이 조금씩 되살아납니다. 무엇보다 중요한 건, 부모가 보여주는 낮은 배움의 자세입니다. 이 모습은 아이에게 "어른도 배우고 확장할 수 있다"는 강력한 메시지를 전합니다. 단순한 관계 회복을 넘어, 아이에게 또 다른 차원의 교육이 되는 것이지요.

이렇게 친근감의 불씨가 살아나면, 그것은 관계에서 가장 중요한 '윤활유' 역할을 합니다. 자동차 엔진이 오일 덕분에 식고, 미끄러지듯 돌아가며, 때로는 충격을 완화하듯이, 친근감은 갈등을 누그러뜨리고 상처를 덮고, 닫혀 있던 마음을 열어줍니다. 결국 부모와 자녀의 관계가 원활하게 작동하도록 돕는 보이지 않는 힘, 그것이 바로 친근감입니다.

열쇠는 아이가 이미 좋아하는 세계 속에 있습니다. 아이가 좋아하는 주제를 함께 연구하고, 관련 영상을 찾아보고, 가능하다면 관련 전시회나 박람회에 직접 가보는 것 (ex. 게임 박람회 또는 스포츠 분야 종사자와의 인터뷰 등. 자세한 내용은 『호시탐탐 내 아이 진로 찾기』 참조) 이런 경험은 아이가 '내가 좋아하는 것과 세상의 생산적인 영역이 연결될 수 있구나'라는 깨달음을 얻는 순간이 됩니다. 이 과정에서 아이가 거부할 수도 있습니다. 생산적인 방식으로 코페르니쿠스적인 변환을 하는 게 익숙하지 않고, 따라서 불편하기 때문이지요. 이때는 그동안 쌓아왔던 친근감을 바탕으로 해서 적절한 권위로 잡아줘야 할 때입니다.

친근감과 권위의 균형

아이의 세계를 존중하고 진심으로 배우려는 태도는 막혀 있던 마음의 문을 열고 관계를 새롭게 시작하는 첫걸음입니다. 그러나 여기서 멈춘다면 지나친 허용(permissive) 상태가 되어 버립니다. 관계는 따뜻해 보이지만, 현실의 규율과 책임을 감당할 힘을 기르지 못하는 함정에 빠지게 되는 것이지요. 친근감이 토양이라면, 권위는 그 위에서 자라나는 기둥과 같습니다. 먼저 친근감으로 아이의 마음을 열고, 그다음 권위로 방향을 제시하는 순서를 기억해야 합니다. 아이가 어릴 때에는 이유식을 먹지만, 크고 나서도 이유식을 먹는 건 아이에게 해로운 일입니다. 마찬가지로 친근감이 없을 때는 함께 재미있는 영역을 부담 없이 체험해 보는 게 중요하지만, 친근감이 형성되고 나서는 적절한 정도의 생산적인 콘텐츠를 요구할 때가 된 겁니다. 그 정도나 종류에 대해서는 부모가 주체적으로 판단해야 합니다.

은둔형 외톨이의
상황일 때

어릴 때는 착하고 착실했던 아이가 어느 순간 갑자기 은둔하는 경우가 있습니다. 학교나 학원 등 외부 활동을 거부하거나 주로 방에서 지내면서 가족과 접촉을 꺼리는 양상까지 그 정도는 다양하지만, 원인은 단순합니다. '왜' 무언가를 열심히 해야 하는지에 대한 가치 부여가 없이, 즉 에너지 공급이 없이 달리게 했기 때문입니다. 지금은 초등학교 고학년부터 고등학생, 심지어 성인이 된 자녀까지, 점점 더 사회와 단절된 생활을 하고 방 안에서만 머무르는 '은둔형 외톨이'가 엄청 많아졌지요. 이처럼 심각한 상황에 이르렀다면, 단순히 미디어를 치우는 것만으로는 문제를 해결할 수 없습니다. 물론 미디어에 의존하지 않는 아비투스를 어릴 때부터 형성하는 것이 가장 효과적인 예방책이지만, 이미 진행된 경우라면 훨씬 더 섬세하고 복합적인 접근이 필요합니다.

은둔의 근거, 은둔의 에너지 - 미디어

은둔형 외톨이의 원인은 다양합니다. 학교폭력, 실패 경험, 자존감 저하, 정신 건강 문제 등이 복합적으로 작용합니다. 하지만 그 중심에서 은둔을 유지하게 만드는 가장 강력한 힘은 바로 미디어입니다. 스마트폰, 게임, 유튜브, SNS 등은 외부 세계와 마주하지 않아도 일정 수준의 자극과 위안을 제공합니다. '디지털 안락지대(Digital Comfort Zone)'에 들어간 자녀는 점점 현실과의 마찰을 피하며, 방 안에서의 생활을 정당화하게 됩니다. 미디어는 이들을 감정적으로 달래주는 동시에 사회적 고립을 공고히 하는 '양면적 존재'입니다. 이미 은둔 상태가 고착된 경우에는 근본적인 신뢰 회복과 관계 재설정이 우선되어야 하고, 그다음에 앞에서 제시한 미디어 조절 단계를 시행하는 게 좋습니다.

사랑을 담은 경계, 회복의 시작

문제를 만났을 때 생각 없이 나오는 반응을 1차적 반응, 남다른 시선과 방식으로 해결을 제시하는 반응을 2차적 반응이라 합니다. 은둔한 자녀를 대할 때 많은 부모가 먼저 보이는 반응은 "넌 왜 이러니?", "너는 얼마나 누리는 게 많은 줄 알아?"일 것입니다. 그러나 이런 말은 대부분 1차적 반응에 머무릅니다. 즉각적인 반작용만 불러오며, 문제를 더 깊게 만들기 쉽습니다.

자녀의 은둔은 단순한 '게으름'이라기보다는 부모에 대한 복수 심리이거나 상처받은 자아가 세상과의 접촉을 두려워하며 만든 방어기제일 수 있습니다. 이런 상황에서 비판과 팩폭은 아이를 무너뜨릴 뿐입니다. 은둔의 벽을 허무는 첫걸음은 **사람에 대해서는 부드럽게, 그러나 원칙에 대해서는 단호하게 대하는 태도**입니다.

부모의 역할은 '무조건적인 수용'도, '냉정한 비판'도 아닙니다. "지금 이 모습 그대로 너를 받아들이지만, 해야 할 것을 하지 않으면 안 된다는 걸 너도 받아들여야 해." 이 말은 조건부 사랑이 아니라, 존재를 온전히 인정하면서도 삶의 질서를 함께 세워가는 태도입니다.

이때 '해야 할 일'은 공부나 학원이 아닙니다. 오히려 현실적이고 구체적인 책임감의 훈련이어야 합니다. 가능하다면 아르바이트 등 외부 활동이 좋고, 그것이 어렵다면 집안일(빨래, 설거지, 청소, 밥하기 등)을 담당하게 해서 한몫을 담당하고 있다는 인식을 주는 게 좋습니다. 약속을 어겼을 때는 모욕이나 비난이 아니라, 정중하지만 단호하게 공급을 중단하는 방식으로 원칙을 유지해야 합니다. 이런 사랑을 담은 경계가 아이의 자율성과 책임감을 서서히 깨웁니다.

은둔한 자녀에게 '대화'는 가장 먼저 닫히는 통로이자, 동시에 가장 강력한 회복의 문입니다. 별일 아닌 것처럼 나누는 스몰 토크, 자녀가 좋아하는 콘텐츠에 대한 가벼운 관심, 그리고 이미 '온전한 사람'으로 대하는 태도는 부모와 자녀 사이의 메타인지, 즉 서로의 생각과 감정을 이해하고 조율하는 힘을 길러준다는 원리는 앞에서 이야기한 바와 같습니다. 이런 대화가 쌓이면 부모의 권위와 친밀감이 동시에 회복됩니다. 그때 심리 상담 전문가나 청소년·청년 재활 기관과의 연계를 자연스럽게 고려할 수 있습니다. 상담은 부모의 실패가 아니라, 함께 배우는 또 다른 공부의 과정이 됩니다.

단계적 이끌어냄, 단계적 회복

근육이 성장 단계에 따라 들 수 있는 무게가 달라지듯, 아이에게도 단계적 요구가 필요합니다.

은둔과 중독의 시기를 지나온 부모는 이미 오랜 시간 지쳐 있기 때문에, 아이가 조금 나아진 것 같으면 성급하게 "이제 됐어, 다시 제대로 해야지"라는 무거운 기대를 던지기 쉽습니다. 그러나 그것은 아이의 내면 에너지가 아직 10밖에 남지 않은 상태에서, 100의 일을 요구하는 셈입니다. "힘내", "자신감을 가져" 같은 말이 오히려 상처가 되는 이유가 여기에 있습니다. 그 말은 사실상 "너의 현재 모습이 나를 힘들게 한다"는 메시지로 들리기 때문입니다.

바람직한 행동은 요구하는 것이 아니라, 이끌어내는 것입니다. 은둔한 아이를 변화시키는 과정은 조심스러운 여우를 굴 밖으로 유도하는 일과 같습니다. 경계심이 풀리기까지는 오랜 시간과 수많은 '닭고기'—즉, 이해와 기다림—이 필요합니다. 부모의 마음처럼 속 시원히 변하지 않더라도, 그 느린 흐름을 함께 견디는 것이 인간에 대한 진정한 이해입니다.

힘과 자신감은 누군가의 말로 생기지 않습니다. 진짜 회복은 아이가 스스로의 흐름을 타며 작게 성공하고, 작게 인정받는 경험에서 시작됩니다. 따라서 중요한 것은 **아이를 '끌어내려는 노력'이 아니라, '끌어올릴 수 있는 시선'**입니다. 은둔은 비정상이 아니라, 정비와 재구성의 시간일 수도 있습니다. 모든 생명체가 움츠렸다가 도약하듯, 아이 또한 지금은 에너지를 모으는 시기일 뿐입니다. 그 에너지의 방향만 올바르게 안내된다면, 아이는 곧 자신의 방식으로 세상에 뛰어들 준비를 하게 될 것입니다.

친근감은 관계의 불씨를 살리고, 권위는 그 불씨에 방향성을 부여합니다. 이 두 축이 균형을 이룰 때, 부모와 자녀 모두가 성장하는 관계의 선순환이 시작됩니다. 그 순간부터 가정은 단순한 '문제 해결의 공간'이 아니라, 서로가 다시 배우고 자라는 인간의 학교가 됩니다.

이 주제에 대해 더 깊이 탐구하고 싶다면, 저희의 전작 『호시탐탐 내 아이 진로 찾기』를 참고하시길 권합니다. 부모와 자녀가 함께 성장하는 여정의 실질적 방향을 제시해 줄 것입니다.

가장 중요한 것은
폰에 나오지 않아

닐 포스트먼은 『죽도록 즐기기』라는 책에서 이렇게 경고했습니다.

"우리는 조지 오웰의 『1984』를 두려워했다. 하지만 더 무서운 것은 올더스 헉슬리의 『멋진 신세계』였다. 사람들은 고통이 아닌 쾌락에 의해 지배당할 수 있다."

실제로 오웰은 독재와 검열, 억압으로 사람들을 통제하는 공포의 미래를 그렸지만, 헉슬리는 사람들이 스스로 생각하지 않게 되는 즐거움의 세계, 즉, '쾌락에 빠져 스스로 자유를 포기하는 세계'를 상상했습니다. 닐 포스트먼은 바로 이 헉슬리의 경고가 오늘날 현실이 되었다고 말합니다. 사람들은 검열이 없어도 생각하지 않는 데 익숙해지고, 오락이 넘쳐날수록 진실과 비판적 사고는 사라진다는 것입니다. 그리고 지금, 우리 아이들은 그 '쾌락의 지배' 한가운데에 놓여 있습니다. 자극적이고 재밌는 것들이 넘쳐나지만, 그 속에서 생각하는 능력, 인내하는 힘, 진실을 가려보는 눈은 점점 무뎌지고 있습니다.

이 책을 덮는 지금 여전히 지치고 막막한 마음일지도 모릅니다. 패배감이 밀려오기도 하고, 아이와의 갈등 앞에서 무력함을 느꼈을 수도 있습니다. 하지만 **우리가 치르는 싸움은 아이와의 전쟁이 아닙니다. 그것은 아이 안에 있는 보이지 않는 그릇, 그리고 우리 가족의 미래를 지키기 위한 조용하지만 거룩한 전투입니다.**

세상의 모든 것이 더 편하고 빠른 다운스트림으로 흘러갈 때, 우리는 연어처럼 거센 물살을 거슬러 오르는 업스트림의 길을 택합니다. 이것은 **세상으로부터의 도피가 아니라 세상의 주인이 되기 위한 준비입니다. 스크린 앞의 수동적인 관객이 아니라, 자기 삶의 무대 위에 당당히 서는 주인공으로 아이를 세우기 위한 길입니다.**

결국 **이 싸움의 가장 강력한 무기는 통제가 아니라 연결입니다.** 금지된 화면의 공백은 거창한 걸로 채워지는 게 아닙니다. 때로는 쓸데없어 보이는 잡담, 때로는 의미 없어 보이는 눈 맞춤, 그리고 함께 보낸 지루한 시간입니다. 그 보이지 않는 시간들이 아이의 그릇을 단단히 빚고, 가족이라는 집의 기둥을 하나씩 세워갑니다.

아이의 성적, 친구의 최신 기기, 눈앞의 편리함은 모두 보이는 것들입니다. 하지만 아이의 내면에 자라나는 힘필이 근육, 지루함을 견디는 자기조절력, 깊은 재미를 느끼는 감수성, 그리고 가족의 끈끈한 유대감은 눈에 보이지 않습니다. 우리는 그 보이지 않는 것들을 위해 싸웁니다. 그리고 그 싸움의 가치는 반드시 시간 속에서 증명될 것입니다. 오늘 당신이 지켜낸 작은 전선 하나가, 내일 아이가 세상을 향해 나아갈 단단한 길이 될 것입니다. 오늘 당신이 감내한 불편함이, 아이에게는 가장 안전하고 따뜻한 세상이 되어줄 것입니다. 보이지 않지만 가장 위대한 이야기는 바로 지금, 당신의 가정에서 시작되고 있습니다.